信息化环境下的
英语教学实践研究

张云鹤 著

吉林出版集团股份有限公司
全国百佳图书出版单位

图书在版编目（CIP）数据

信息化环境下的英语教学实践研究 / 张云鹤著. -- 长春 : 吉林出版集团股份有限公司, 2022.12
　　ISBN 978-7-5731-2882-9

　　Ⅰ.①信… Ⅱ.①张… Ⅲ.①英语—教学研究 Ⅳ.①H319.3

　　中国国家版本馆CIP数据核字(2023)第034699号

信息化环境下的英语教学实践研究
XINXIHUA HUANJING XIA DE YINGYU JIAOXUE SHIJIAN YANJIU

著　　者	张云鹤
出 版 人	吴　强
责任编辑	蔡宏浩
装帧设计	墨创文化
开　　本	787 mm × 1092 mm　1/16
印　　张	9.75
字　　数	260千字
版　　次	2022年12月第1版
印　　次	2023年8月第1次印刷
出　　版	吉林出版集团股份有限公司
发　　行	吉林音像出版社有限责任公司
	（吉林省长春市南关区福祉大路5788号）
电　　话	0431-81629667
印　　刷	吉林省信诚印刷有限公司

ISBN 978-7-5731-2882-9　　　　定　价　55.00元

如发现印装质量问题，影响阅读，请与出版社联系调换。

前　　言

信息技术的迅速发展，推动了教学技术的深入变革，这从根本上改变了传统的教学观念、教学方法和手段。信息化环境下的英语教学技术旨在探讨新技术时代的英语教学规划并提出要求，在新的教学环境中对教师的教学方法也提出了前所未有的挑战。

信息化教学是一种基于现代化信息技术的全新生态化教育，它也是一个互动、整合、实践的综合过程，网络平台、多媒体及远程教育等现代信息化技术的广泛应用，可以加速教育改革和发展的进程。同时，英语教学信息化的实施进展也成为了英语教学的焦点，在教育领域中如何运用现代信息技术促进英语课程和现代信息技术的有效整合，是高校实行教学改革、培养面向信息社会创新人才的一项重要任务，也是英语教学发展的总体态势。

本书主要涉及信息化环境下的英语教学概述、信息化环境下的英语教学内容、英语课堂教学改革、课堂教学评价、英语教学模式改革、英语教学手段改革及信息化环境下的英语教师信息化能力发展等内容。信息化环境下的英语教学实践的重要意义分别体现在：一是能帮助教师掌握和提高信息化教学水平；二是能在高校营造出信息化学习氛围。在高校英语教学模式的优化方面，信息化技术起了不可忽视的作用，不断推进着高校英语教学的现代化发展。另外，逐渐丰富的信息化英语学习平台为培养学生的英语自主学习提供了更优的条件。总的来说，本书阐述了信息技术在高校英语教学中的各种表现，同时分析了信息技术在高校英语教学中存在的主要问题并给出了一定的对策和建议。

信息化环境下的英语教学有着其独特魅力，但始终要清楚信息技术是为英语教学服务的。要实现信息技术与英语学科的有效整合，对于教师和学生来说不仅是要熟练地掌握技术手段，更重要的是要深刻了解教育的根本目的，了解教学中的重难点所在，找准最佳整合点，才能在充分运用信息资源的基础上，展现出优质的英语课，实现英语教学的最优化。

著　　者

目 录

第一章 信息化环境下的英语教学概述 ··· 1
  第一节 信息化英语教学的内涵 ··· 1
  第二节 信息化英语教学的发展历程与概况 ································· 4
  第三节 信息化环境下的英语教学 ··· 7

第二章 信息化环境下的英语教学内容改革 ··································· 15
  第一节 信息化环境下的英语教学基础 ····································· 15
  第二节 信息化环境下的英语教学发展 ····································· 19
  第三节 信息化环境下的英语教学资源 ····································· 21

第三章 信息化环境下的英语课堂教学改革 ··································· 39
  第一节 英语课堂教学概述 ··· 39
  第二节 信息化环境下的英语课堂教学设计 ······························· 43
  第三节 信息化环境下的英语课堂教学技能 ······························· 48

第四章 信息化环境下的英语课堂教学评价改革 ······························ 52
  第一节 英语课堂教学评价概述 ··· 52
  第二节 中小学英语课堂教学评价改革 ····································· 58
  第三节 大学英语课堂教学评价改革 ······································· 68

第五章 信息化环境下的英语教学模式改革 ··································· 73
  第一节 教学模式概述 ··· 73
  第二节 中小学英语教学模式改革 ··· 76
  第三节 大学英语教学模式改革 ··· 79

第六章 信息化环境下的英语教学手段改革 ... 89
第一节 教学手段概述 ... 89
第二节 中小学英语教学手段改革 ... 91
第三节 大学英语教学手段改革 ... 93

第七章 信息化环境下的英语课程资源改革 ... 103
第一节 课程资源概述 ... 103
第二节 中小学英语课程资源改革 ... 111
第三节 大学英语课程资源改革 ... 118

第八章 信息化环境下英语教师的信息化能力 ... 121
第一节 英语教师信息化能力概述 ... 121
第二节 中小学英语教师的信息化能力 ... 129
第三节 大学英语教师的信息化能力 ... 133

参考文献 ... 136
附录1 精品开放课程项目总结 ... 138
附录2 线上线下教学项目 ... 143
附录3 公共外语教育学院网络教学方案 ... 148

第一章 信息化环境下的英语教学概述

第一节 信息化英语教学的内涵

一、信息化英语教学的概念界定

（一）信息化教学

信息化教学的内涵丰富多样，教学作为一种社会交往活动，可以从不同的角度进行诠释与理解，站在信息技术应用的角度看，就产生一种现象活动——信息化教学。[①] 追本溯源，从国内最早界定信息化教学的知名学者谈起，南国农教授在《信息化教育概论》一书中提出："信息化教学，就是指教育者和学习者借助现代教育媒体、教育信息资源和方法进行的双边活动。"[②] 根据南国农教授的定义，信息化教学一定包括以下三点内涵：一是信息化教学系统包括教师、学生、教学媒体、教学资源与方法，四个要素缺一不可；二是信息技术工具作为一种手段和方法，将为教育者和学习者搭建有效教学和学习的桥梁；三是打破教师作为信息发送者，学生作为信息接收者的"主动——被动"局面，强调教学更应在信息技术的支持下实现双方互动，促进学生深度学习的发生。

学者顾小清认为教师必须掌握基本的信息素养，信息化教学有以下特征：实施技术支持的教学、应用技术、指导学生掌握信息技术。[③] 由此可以看出，信息化教学不仅指教师单方面地使用信息技术支持教学，还应该考虑到学生利用信息技术促进学习的能力如何，在师生双方参与的信息化教学过程中，如果学生和教师的信息素养差距过大，那么课堂教学中就会存在无形的技术障碍。

学者们对信息化教学的含义从不同角度进行阐释，但对信息化教学的概念界定基本一致。本研究在梳理已有学者对信息化教学概念界定的基础上，结合政策文本中给出的概念界定，将信息化教学界定为教师在信息化环境下，有效应用信息技术支持学习活动顺利开

[①] 南国农. 信息化教育概论 [M]. 北京：高等教育出版社，2004：58.
[②] 南国农. 信息化教育概论 [M]. 北京：高等教育出版社，2004：58.
[③] 顾小清. 面向信息化的教师专业发展——行动学习的实践视角 [M]. 北京：教育科学出版社，2006：35.

展的教学方式,它冲破了传统教学方式中手段、资源、学习方式的限制。

(二) 信息化英语教学

信息化英语教学指在高等教育阶段的英语课程中,随着市场导向型人才、实用创新型人才的发展需求,以提升学生专业素养和实践能力为重点,全面推进职业核心能力教育理念的深入发展,在以信息技术为主要标志、日新月异的科技进步时代教育中,需要与时俱进行改革和强化英语教学创新性的一种教学方式。随着经济全球化的发展,生活信息化的体现,不仅加深了国与国之间的交流,也促进了各行各业人们的交往,英语是这种交往过程中的官方语言,是不可或缺的一种交流工具,也是新时代接受高等教育学生必须掌握的技能之一,对于英语专业人才的要求将会更高。这种社会人才需求和高要求促使英语教学中需要有一种不断创新而非一成不变的教学现象和引导,才能够更符合时代的发展和市场的需求,英语信息化教学应时而生。

而与传统的教学模式相比较,信息化教学是利用信息技术为支持的一种现代化教学表现形式,在英语信息化教学领域里,它也同时顺应社会信息化技术的发展形势,不但要求英语教师们能在日常教学的过程中,传承传统爱岗敬业、踏实认真的职业素养,更要求教师们能在此基础上学习或运用多媒体设备、网络信息、智能软件等多种现代化信息技术手段在教学当中。在英语教学中能与课程课件的开发、信息化教学手段的操作、信息资源的整合和利用、信息技术设备的使用和维护,以及教学模式不断的研究和创新过程结合起来,使得英语教学能得到可持续性的发展,更能满足新时期信息化社会所提出的新要求,为实现优化的教育教学功能提供新思路,有效促进英语教学改革和长期发展。

当然,与此同时,须完善的信息英语教育教学体系是需要高效灵敏、能动创新的信息技术平台硬件条件和优化优质的人力、智力、毅力等软性条件相互促进组成的。在信息网络的环境下,为了继续深化高校的课程改革,切实促进英语教师与学生英语自主教与学的高度融合,需要全新的教学发展道路进行承载和引领。

二、信息化英语教学的特点与意义

(一) 信息化英语教学的特点

1. 追求个性化

信息化的发展进步,使高校学生获取英语知识不再仅限于书本上,网络资源也拓展了学生的学习领域和视野。大学生的思想已经逐渐成熟,能够了解自己所要学习的英语知识内容,教师在课程教学中,所教授的内容也有自己的想法,使用自己的眼光对教学内容开展评价。

在开展日常学习的过程中,关注在学习中的感受,教师在课堂内传授知识点是否符合自己的学习需求，对自己学习知识点是否存在好处，也是每个学生需要认真思考的问题。这种个性化的学习形式，也对教师提出要求，教学形式随时代的发展步伐，以信息化作为教学的基础，让学生真正地成为英语教学中的主体。

2. 体现实用性

目前，高等院校的大学生在完成学业后，在进入社会选择就业的过程中，能否如愿地进入到自己理想的公司，除了本身具备的专业知识以外，英语知识熟练程度也是其在众多候选人竞争成功的关键因素。对于非英语专业的毕业生而言，英语知识所掌握数量以及熟悉程度，对其在工作中的表现起到锦上添花作用，英语知识综合能力越强，则在工作中闪光点越大，越能够被领导所关注。大学生的英语能力，不仅仅包括语言能力，也包括跨文化交际能力。大学英语教师需要结合时代的发展，利用信息化技术与大学英语课程内容结合，充分满足学生知识的需要，让大学英语教学落到实处，为学生在进入社会发展做好基础准备。

3. 富有时代性

在科学技术进步的今天，高等院校内所使用的教学设备也在快速跟随时代的需求，适时更新换代，大学英语教学也与时俱进，促使英语教学富有时代性。现阶段，高等院校内学生课堂签到已经发生转变，原本的纸质签到已经变成电子信息签名，教师教授的内容已经转变成为电子文件夹，学生完成教师所要求的作业时也使用电子版上交，这些均是信息化与大学英语结合的缩影。

（二）信息化英语教学的重要意义

1. 有利于激发学生的英语学习兴趣

尽管英语是一门重要的语言学科，然而部分学生对英语的学习意识和兴趣却不高，而利用信息化教学，能让学生从多媒体图片、文字、音视频中学习英语词汇、句子及语篇，使教学环节变得生动有趣、形象多元化，切实符合学生的认知需求，备受学生的青睐，能够更好地激发学生的英语学习兴趣，提高课堂教学效率，帮助学生实现语言习得。

2. 有利于提高学生的课堂参与度

高校英语教学旨在让学生习得日常生活、工作所需的英语知识，此外专业英语则更倾向于职业化。通过信息化教学能够仿真模拟实践场景，创设良好的学习情境，从而提高学生的英语学习体验。例如，在讲解英语面试内容时，教师可通过信息化软件模拟真实的面试场景，帮助学生体验逼真的求职环境，强化学生的学习感受。以情境任务为导向实施教学，引导学生积极参与课堂互动，相较于传统课堂教学中的提问式互动效果更好，有利于提高学生的课堂参与度，增强课堂教学效果。

3. 为学生提供丰富的学习资源

信息化时代，人们获取信息资源的渠道越来越多，学生可通过智能手机获取所需的学习资源，如微信、微博等。高校英语信息化教学要最大化利用这类信息平台整合学习资源，突破传统课堂教学的单一程式化，让学生不受时间和空间的局限，随时都能获取学习资源。教师可通过信息化教学平台上传英语课程资源、安排课后作业，同时可为学生推选教学资源库中的优质资源，如英语学习网站、英语论文、英语杂志等。学生可通过智能手机、电脑等浏览这些优质资源，辅助其完成学习任务。此外，学生还可结合自身的学习能力、兴趣和水平择优选取自己所需要或感兴趣的英语学习资料，开展针对性的学习和阅读活动。学生学习英语知识则不会局限于课堂，信息化教学拓宽了学生的学习渠道，能够为学生提供更多的学习资源。

第二节 信息化英语教学的发展历程与概况

一、信息化英语教学的发展历程

从我国开始将信息技术引入教学领域，到规模运用，再到目前的大力发展信息化教学，已经有三十余年时间。回顾这段发展历程，是与我国信息化技术发展的历程息息相关、紧密结合的，外语信息化教学也由此得以发展。因此，笔者将信息化英语教学的发展大致分为以下三个发展阶段。

（一）*信息化英语教学应用的初级阶段*（1981—1999年）

信息化英语教学的发展跟我国的信息技术发展历程是息息相关的。20世纪80年代初期，我国国民经济进行一系列的调整和改革，计算机开始在工业界中得到广泛使用，电子信息技术也随之向纵横方向发展。但在刚起步阶段，人们并没有意识到，电子信息化技术的发展会逐渐影响到社会经济、基础设施、新闻传媒等方方面面，对国民教育影响力也如此之巨大。

最先为信息化英语教学打好坚实基础的是电化教学的发展，可以说信息化教学的发展是与电化教育一脉相承的。在这一阶段中，英语教学运用电教设备创设语言环境，可以进行简单的录音，幻灯片和投影仪也开始使用在英语课堂当中，但并不普遍，受技术限制而无法流畅地运用开来。但是教师在英语教学中能初步运用计算机多媒体设备和相关技术，把教材中原本单调乏味的文字通过计算机较为形象生动地展现出来，在一定程度上增强了课堂的趣味性，提高学生的学习主动性和积极性，让学生有"身临其境"的感觉，在某种程度上大大提高了英语教学的效果和质量。然而，受国内信息技术发展缓慢的影响，我国信息化教学应用的初级阶段也比较漫长，英语教学课堂运用计算机多媒体设备和相关技术的还是很少，相应地信息化英语教学的发展也较为缓慢。

（二）信息化英语教学的发展完善阶段（2000—2010年）

20世纪90年代末，信息产业在全国范围内各个领域掀起一股实践和探索之风。在日益激烈的国际竞争环境下，信息化教育的发展和运用水平会关系着国家的综合竞争能力，是国家发展水平的标尺。因此，信息化教学得以发展完善起来。

与此同时，对信息化英语教学的研究也与时俱进。相关研究和探索逐年增加，信息化英语教学的研究也开始走向发展完善阶段。在一线的信息化英语教学实践层面，信息化教学设计、教学管理、教师发展队伍建设研究和探索也开始深入到其发展的各个领域，预示着信息化英语教学快速发展时期即将到来。在这一阶段中，信息化教学中师生可以借助网络媒体进行互动和学习交流，通过网络来寻找教学资源；英语教师可以利用多媒体技术最大限度地培养和发展学生的自主性英语学习能力。英语课堂已经逐步"脱离"传统课堂的束缚，走在探究信息化英语教学的轨道上。然而，这个时期里，信息化英语教学也引起很大的争议，各类专家学者对此类教学方法观点不一，而且完善成熟的信息化英语教学模式和相关政策尚未真正落实，但是相关学者的探索和研究却为后来这方面教学的快速发展奠定了坚实的基础。

（三）信息化英语教学的快速发展阶段（2011年—现在）

从2011年开始，教育部开展了关于教育信息化试点工作，信息技术对教学的发展产生了革命性的影响，必须对其进行高度评价。2014年，我国专注于建立全国性学校经费、资产和办学条件管理等信息系统，并建立国家学校经费、资产和办学条件的数据库；2016年，我国对信息化发展现状和形势进行了详细分析，明确了指导思想和工作原则，确定了发展目标，提出"信息服务的教学和管理能力，以实现和增强公共服务平台的协同发展"，加快数字教学资源的搜索服务提供模式，不断扩大优质教学资源的范围，促进教学的公平性，并改善教学信息以提高教学质量，创新的网络化学习空间，人人可以建立和应用此模式，从服务课堂学习扩展支撑网络化的学习，与国家战略需求紧密结合，以服务于经济和社会发展的教学模式。教学信息化的发展目标更加明确，有利于发展和建设信息化教学的宏伟蓝图。

在这一阶段当中，信息技术对英语教学产生非常大的影响。信息技术为教学中的师生们提供了基于网络的虚拟环境，教学打破了传统的以教室为中心的学习环境的限制，允许学生通过网络和其他环境进行沟通、协作和独立学习；同时，丰富的信息资源为英语教学提供了多样的学习资源，促进了英语教学模式的发展。课堂上，教师不再一味地使用传统的黑板和教鞭，而把所要教学的内容，如文字、声音、图像等结合在一起，制作成音频、视频等给学生进行学习和训练，学生也可以自主灵活地根据自己的实际学习情况自行选择、反复查看。甚至有的教学材料可以通过相关软件上传到共享平台，供学生学习。近年来流行在英语教学中的慕课、微课、翻转课堂等，也是基于信息化教学的发展而得以广泛运用开来。各种各样的教学模式如繁花般成为信息化英语教学的新形式。

在这个阶段，英语教学的信息化正在以全面、深入的方式运用计算机、多媒体和网络技术为中心的最新信息技术，不断改革传统的教学理念和方法。同时，通过借助信息网络技术辅助英语教学相关的理论与实践经验也得到不断发展，英语信息化教学过程、英语教学质量和效果也得到不断的优化和提高。

二、信息化英语教学的发展概况

（一）发展规模

经过多年的发展，在教育信息化快速引领教育的时代背景下，英语信息化教学有了长足发展。从一开始简单的 PPT 等多媒体技术引进课堂，发展到现在慕课、蓝墨云等高新科学技术和软件引进课堂，呈现出多姿多彩的信息化教学内容和模式。

当前，除了课堂教学规模越来越信息化，英语信息化教学试点的院校已形成一定的规模，同时也表明我国已经初步建立起英语信息化教学基础，为培养高层次、高水平的专业人才、实现现代化英语人才教育发展奠定了坚实基础。教育部 2021 年工作要点指出，积极推进教育信息化建设的目标任务是加快推进教育信息化高质量发展，积极发展"互联网+教育"，全面保障教育系统网络安全。在调整地方义务教育学校的布局时，为确实需要保留和恢复的教学场所配备了英语教学资源的接收和播放，开展优质的英语教学资源；为组织教学点应用资源开展教学，利用信息技术要点开设国家规定的课程，提高教学质量，促进义务教学的均衡发展。① 高质量的英语教学资源可以分发到偏远农村地区学龄儿童提供更好的教育便利和政策利益，"全覆盖"更加全面地将教育信息化带到国家欠发达地区教育区域，规模由原来的试点转向全面覆盖，为英语信息化教学的全面普及打下基础，也为实现教育公平和教育资源的合理分配提供了保障。

跟随教育信息化的发展步伐，英语信息化教学的发展也越来越具规模。短时间发展起来的信息智能社会的到来和发展更加促进其规模化。

（二）发展层次

目前，我国英语信息化教学已经基本形成了以中小学、高校为主，区域综合试点，专业试点三个层面并举的教育结构。中小学，中高职学校和本科院校基本处于同一层面，根

---

① http://xxh.resource.edu.cn/news/2374.html.

据当地经济的发展水平，同时结合学校的实际情况，都在努力促进英语教学信息化的发展。当然，这三个不同层次的学校都有自己的侧重点。例如，中小学专注于共享和应用优质的英语资源，并创新教学模式；中高职院校则着重于将信息技术运用在优化英语教育教学过程和服务社会方面；本科院校则体现在英语人才培养模式、科研创新和服务信息化等方面上。

总之，各个层次各有侧重，不过目标一致，均为实现全面信息化英语教学、推进信息化教学发展而努力。

（三）发展类型

信息化教学已成为英语教育教学改革的发展趋向，是语言教育领域中的重大变革。在多年的发展历程中，信息化教学已进入一个较高的发展平台和阶段。横向发展越来越拓宽，从计算机专业、教育管理专业到语言类各专业课堂都在大力推行信息化教学；纵向发展越来越深入，从教学模式、课堂作业的布置和完成、期末考试等，均有采取信息化教学的实践探索。发展类型得到进一步的提高和升华。

第三节　信息化环境下的英语教学

在信息环境中，英语教育主要是指利用现代教育理念、现代信息设备和技术在学校进行英语教学活动。在信息环境中进行英语教学可以达到发展学生自主学习、实际应用和创新思维能力以及复杂的应用型人才的目标。所谓的教育环境是将硬环境和软环境相结合的综合教学环境。硬件环境是指诸如教育设备之类的硬件设备以及诸如多媒体教室和网络教室之类的技术支持，软环境主要是指人为因素，例如教学理念、教学方法和学习环境。与传统英语教育相比，信息化环境下的英语教学具有先进的教学设备，丰富的教育资源，强大的学习互动性和自主学习优势的特点。

当前，中国的信息化英语教学环境可分为三类：多媒体教室、多媒体网络教室和语音教室。多媒体教室是一种教学活动系统，由多媒体投影仪、磁带录音机、视频显示站、麦克风、计算机和其他媒体设备组成。多媒体网络教室是一种结合了多媒体演示教室和计算机教室的网络教学系统。语音教室是一种教学系统，主要由各种设备组成，可以分为听音类型、听和说对比类型、视听类型和视听对比类型。此外，还有在线视频教学系统、虚拟模拟教学系统等。

一、信息化环境下的英语教学方案

(一) 信息化环境下的英语教学方案的定位

1. 学生的定位

无论何时、何种的教育方式都要尽量保证学生的主体地位,尤其是在英语信息化的教学活动中。信息化技术的发展也需要学生积极主动的求学态度,以便发挥其效用。根据建构主义学习理论和现代教育中的学习理论可知,学生是学习的主体,在教学活动中要以学生为中心,所以在进行信息化环境下的英语教学方案设计时要把学生放在首位,设计的教学方案要符合学生的学习规律,符合学生的学习特征,在尊重学生个性化发展的前提下,制定出有利于信息化环境下的英语教学活动进行的教学方案。

2. 教师的定位

在教育过程中,最开始一直是教师占据着主导地位,随着时代和教育的发展,教师的主导地位虽然依然稳定,但是在教育教学过程中,教师的作用变得更像是引领者、指导者、辅导者和组织者,主要表现在以下几个方面。

(1) 教师的引领者作用主要是指教师在英语教学活动中引领学生进入英语的学习,在学生进行英语学习的过程中,教师给予学生一个学习的大纲和方向。

(2) 教师的指导者作用主要是指在信息化环境下的英语教学活动开展的过程中,当学生遇到难以解决的难题时教师要给予一定的帮助和指导,帮助学生及时解决问题。

(3) 教师的辅导者作用是指教师在信息化环境下的英语教学活动中不再像传统英语教学那样居于主导地位,而成为学生信息化环境下的英语教学中的辅导者。

所以在信息化环境下的英语教学方案的设计中要找准教师的定位。教师在引导学生利用信息技术进行自主学习的同时,教师自身也要选择合理的时间进行自主学习,以提高自身的英语教学水平,用更为科学的方法进行信息化环境下的英语教学活动。

3. 信息化技术的定位

信息化技术是随着信息技术的飞速发展而应用到英语教学中的,它是信息化环境下的英语教学进行的基础和前提,在信息化环境下的英语教学方案设计中有着重要的地位。当然,信息化技术仅仅是教师进行英语教学活动的一种辅助工具和手段,不能取代学生和教师在教学活动中的作用和地位。因此,在进行信息化环境下的英语教学方案设计时,要充分利用信息技术手段以扩大英语教学的效果。在信息化环境下的英语教学中,教师可以利用网络技术、多媒体技术、远程技术及各种网络化资源平台等,通过图像、声音、色彩、文字等制作出精美的、适合的教学方案,增加学生的学习兴趣,同时教师也可以在教案的设计制作过程中增长自己的见识,提高自己的信息技术应用能力,这是一个师生共同学习、共同进步的过程。

(二) 信息化环境下的英语教学方案的完善

信息化环境下的英语教学方案是逐步完善的,就现阶段而言,在改革的时候必定要遵循新生事物的发展规律,要循序渐进。信息化环境下的英语教学改革要从基础做起,结合传统的英语教学模式,把信息技术应用到英语的教学中。英语教学本就是一个长期的、持续发展的过程,教师需要随时更新教学方案以适应教学环境的变化,学生需要随时更新学习方式以适应教师与环境的变化,找到最适合的教与学的模式。传统的英语教学方式并不是都不适合学生的学习的,我们要把传统的英语教学方式和信息化技术进行有机结合,保留传统的优秀东西,摒弃脱离时代的东西,传统与现代结合有利于使信息化环境下的英语教学效果达到最大化,有利于传统英语教学向信息化教学的过渡。因此,在信息化环境下的英语教学方案设计中,要把传统的英语教学与现代的信息技术进行整合,创造出一种适合学生学习的新的教学方式。

另外,在信息化环境下的英语教学过程中,英语教育并不是单一的。在学习中,政治、经济、文化等专业其实都是融会贯通的,英语本身又是一门涉及社会方方面面的综合性学科,把这些科目和英语教育相结合会有更好的效果。例如,其他专业知识与英语进行结合,让学生分成小组各负责一个相关的项目,每个小组的学生自主进行资料的搜集、筛选与整理,进行小组讨论并得出结论,整合成小组报告等。信息化环境下的英语教学采用这样的教学方案,不仅有利于学生知识面的扩大,开阔学生的视野,增加学生的知识储备,而且锻炼了学生的自主学习能力、合作学习意识,使得学生的专业英语能力得到了提升,为学生进入社会打下了基础。

二、信息化环境给英语教学带来的机遇

(一) 为英语教师职业发展提供机遇

1. 信息技术的大发展为英语教师教学提供了新手段

长期以来,在学生的视野里,教师的权威是毋庸置疑的,教师是知识的权威,也是学生获取知识的主要来源。而信息技术的大发展,打破了传统的师生知识传播体系,教师不再是学生获取知识的唯一来源,教师的知识垄断地位被打破。与此同时,信息技术的大发展也推动了教学手段的变革和教学方法的创新。在以电视为主要媒介的信息技术教育阶段,教师仅仅把传统课堂搬到了屏幕上,几乎没有人机互动。在以电脑为主要媒介的Web 2.0 (基于区块链去中心化在线生态系统) 时代,人机互动变得轻松容易,师生网络互动、生生网络互动变得更加便捷,信息技术在教育领域的应用达到了新的高峰。但电脑毕竟是

"大"了些，即便是笔记本电脑，其语音、图片、视频、文档的获取和传输需要多种外部设备的支持，其在便捷性、携带方便性等方面还是受到极大制约。在以手机为主要媒介的"互联网+"教育时代，教学打破了时间和空间之间的藩篱，教师可以在地铁上利用手机录一个"have to"与"must"比较的微课，可以在吃饭期间语音解答学生对西方文化的疑问，学生可以在被窝里看完一段"a"与"an"使用的微课，也可以在跑步中听完 China Daily 新闻，碎片化学习正在成为学生学习的重要途径。教师与学生之间"教"与"学"的关系，已经变成了教师与学生之间的协同学习。

信息技术的大发展，使教师的教学手段正变得丰富而高效。粉笔、黑板之类工具的使用频率越来越低，使用范围越来越小，取而代之的是智慧黑板、智能手机以及高性能计算机等，更不用说 3D 虚拟仿真、人工智能设备等教学器具在实验实训场所的大规模应用。这些借助于信息技术、多媒体技术的教学手段，正在改变着课堂的教学流程、多方互动、教学评价等，如英语教师通过学生发来的语音来评价学生的单词发音是否准确、句子结构是否正确、语言表达是否恰当等。总之，信息技术在教育领域的广泛应用，正在革新、丰富着传统的教学手段，为便捷、高效的教学提供了技术支撑。但长期以来，教师没有把自身的专业发展与岗位胜任力与学生的培养结合起来，造成信息化素养没有真正地融入教师专业发展的体系之中，英语教师的信息素养尚不能够满足信息技术时代英语教学变革的需求。

2. "三教"改革的持续推动，为英语教师成长提供了新动能

教师、教材、教法都是事关提升人才培养质量的关键要素，直接关系到学生的职业知识掌握、职业技能获取、职业素养提升、职业道德养成。教学对象在变化，教育理念在更新，教学手段在进步，教育者与受教育者之间的关系在重塑，因此，教师、教材、教法"三教"改革是一个常谈常新的课题，是教学持续改革与发展的内在驱动要素。教师，是"三教"改革的核心，也是教材和教法改革的具体推动者和执行者，只有教师对教学有了更加深刻的认知，有了求变的意识和动力，才能全身心投入到教育教学改革的浪潮中去。

教师来源结构的变化，将逐渐打破高等院校固有的、以学院结构为主要考核指标的教师队伍评价，教师团队成员将由侧重知识互补转向技能互补。就英语教师而言，一方面要研究英语课程的教学改革与实践，积极参与省部级教材编写，不断创新教学方法，在教材、教法改革上攀登新的高峰；同时，也要关注学校高水平专业、重点专业的建设与发展，这些专业将成为学校未来对外交流的窗口。因此，英语教师要主动参与这些专业的建设，为将来参与这些专业（课程）国际标准的制订教学模式的输出打下基础。

（二）为学习者提供的机遇

1. 移动学习

随着智能手机操作系统功能的日益强大，无线网络和智能手机的便利性逐渐使学生能够在手机上学习英语。学习者使用手机作为载体，安装英语学习应用程序，下载在线课程，可以随时随地学习。生活中的零散时间得到有效利用，学习效率得到提高。与课堂教学和基于计算机的在线课程相比，移动学习"更即时""更小"，更加关注生活中的实际应用，使用户学习更加方便和有趣。

2. 协作学习

协作性学习以小组的形式组织学生完成学习任务。因此，开展协作性学习首先要划分小组、选组长、建联络群。联络群包括小组群和组长群（教师拉入其中）。这样，教师在组长群上传英语阅读学习任务，如篇章学习、长难句分析、延展性阅读等。在教师指导下，组长们在群里协商好适合各组的任务，并将各自的任务上传到小组群。最后，组长与小组成员们协商各自需要完成的任务。第一阶段所有协商与交流都可以在线上完成、提高效率。第二阶段是组员自主学习与交流阶段——小组成员借助网络资源自主完成自己的任务。遇到疑问，通过小组群与组员及时沟通。组长将组内解决不了的问题通过组长群反馈给教师。整个学习环节体现了学生的主体性与主动性，还体现了生生交流、师生交流以及学生与教学内容、教学媒体之间的相互作用。当学生完成了课外任务，协作性学习进入师生协作性学习环节。

3. 情境学习

在互联网技术快速发展的今天，情境学习在信息设备的支持下得以实现。如今，随着智能手机的普及，并且现阶段5G和Wi-Fi信号覆盖校园内，越来越多的学生使用移动设备上网。同时，手机上学习软件的类型和功能也越来越丰富，不仅具备便利、有趣和快捷的特点，还可以实现交互学习，这也使手机成为了学习的主要工具。移动学习与其他形式的学习相较而言，更加个性化，且交互方便，具有前后联动的特点，可以说，是新一代需要掌握的有效学习方法。情境学习方法是一种使用手机，并根据特定情况随时随地学习的学习方法。在现实生活中学习，则可以将学习与使用结合起来，在应用程序的实际环境中学习知识。

（三）为家长提供的机遇

信息化环境下为家长提供最大的机遇就是通过QQ、微信创建家长群。

信息技术与现代教育技术的紧密结合彻底改变了教育的意义、目的、方法和价值。新时代互联网不断发展的背景下，信息技术在教育领域的广泛应用，不仅可以为学习者提供丰富的学习资源，而且还为其提供良好的职业发展前景。另外，学生的健康成长离不开教师与家长的共同关注，因而学校与家庭合作是现代教育的重要组成部分，而手机微信的使用缩短了家校之间的距离。微信群是教师和家长共同建立的，作为家庭与学校之间的桥梁，能够迅速地将信息传递出去，而不会影响到彼此的生活和工作。每学期开学前或者结束后，如学校一般都要给家长发送书面通知，但这一操作不仅造成纸张浪费，而且在一般情况下容易造成遗忘和丢失的现象，而借助微信平台进行通知，既经济又快捷，不仅能让家长对学校的要求有直接而明确的了解，还能避免学生向家长隐瞒一些事情，有利于家长和学校信息沟通及时。

总之，借助网络建立家校交流 QQ 群、微信群等沟通平台，不仅可以帮助家长和学校教师及时关注学生信息，而且有助于教师和家长沟通教学理念，从而因材施教，促进学生全面发展。

三、信息化英语教学的发展前景

（一）丰富英语课堂教学内容

在信息时代，任何人都可以共享丰富的网络资源，因而通过网络平台，教师可以拥有大量的教学资源。不仅如此，借助网络交流平台，教师还能与其他学校和地区的英语教师，甚至英语教育专家交流，从而提高自身的教学水平，为学生提供更丰富的教学资源。同时，教师还可以利用课件、视频等多媒体工具，帮助学生拓展英语知识，开阔眼界，让学生接触到更广阔的英语空间。

（二）提高学生的英语水平

英语教学的语言能力培养主要是语法、听力、写作和阅读这四个方面，信息化技术能够提供丰富的教学资源与更广阔的不受时空限制的教学环境，还提供了更加先进的英语教学设备与工具，如投影仪及网上英语课堂等。这也意味着教师在教学过程中，能够通过多种途径对学生这几方面的知识进行教学、巩固与拓展，让学生在不断学习中攻克自己的薄弱环节，不断提高自身的英语水平。

（三）丰富教学手段，更新教学理念

传统的应试教育得以改善，重书本理论知识、轻创新思维的教育理念也逐步转向理论与实践并举。以书本、黑板、粉笔为主的教学手段随着信息化技术的到来而日渐丰富。现代教学采用视频、音频、图片以及动态实验演示等方式方法，将教学内容直观地呈现给学生，有利于学生加深对知识的理解和掌握。参考、研读国外优秀的教学模式和先进的研究成果，对拓宽学生视野、了解国际科学技术的发展具有重大帮助作用。让学生意识到提升自身能力的紧迫性和重要性，对比了解国内科研技术研究与世界各国的差别，激发学生的

求知欲，促进教育教学的发展。

四、信息化技术在英语教学中的应用

信息化教学手段在教学中的应用越来越普遍，英语教学也不例外。视频、语音实验室和计算机多媒体是现代英语教学的重要手段。这些现代视听工具的应用给英语教学带来了很大的变化。然而，随着信息化教学的理论实践和技术手段的逐渐丰富和多样化，信息技术在教学中的作用也愈发凸显，信息技术的关注焦点已从软硬件和资源建设上转为技术在学校和教室中的有效性评估。

（一）有效融合信息技术与教学要素

随着我国信息技术的进步与教学普及，在英语课堂中，新型的课堂生态教学体系要求，教师、教学、计算机作为教学的主体，三者之间应建立良性的互动关系，以达到相互兼容的目的。其主要表现形式为新型的教学模式、教学理念与信息技术的有机结合。在这种教学环境下，主要是将信息网络技术充分运用到教学实践当中去，实现师生之间良性交流，学生与教师之间的角色会依据教学的需求不断进行转变。因此，将信息技术与教学模式有机融合，是指教学整体模式的创新融合，将信息技术有效融入课堂之中。比如，课堂软件与硬件环境、教学手段与信息技术、学生学习与信息技术等各个方面的融合，这种教学模式或者理念的裂变与创新，将极大帮助英语教学发展，促进教学真正实现信息化。例如，以信息技术为概念研发的智慧教学 APP 的应用，在软件内进行搜索，并通过微信公众号平台进行翻阅，在学习课堂中重要知识点的同时，可以在软件内进行师生交流互动，疑问问答反馈及教学交流，让师生之间沟通无障碍。学生得到知识答案，也获得了充实知识的满足感。在这种教学方式下，可以很好地实现信息化教学共享，学生学习的资料数据可以在里面得到具体体现。总之，将信息化与教学要素有机兼容，将会促进英语教学的进步。

（二）积极开发课程资源

近年来，"素质教育"的概念和新课程标准都倡导培养学生的核心素养。学校和教育部门更加注重学生体育、审美意识和智力教育的均衡发展。英语课程标准指出"开发多种形式的英语教学资源"的建议，要求各部门和学校加大投入，争取更大的资源开发的产出。[1] 同时，也强调了教师亦是资源开发的主体，学校为营造良好的学习氛围，要为教师提供多媒体教学软件等必要的基础设施、鼓励教师开发和结合多种资源，整合多方的资源，形成教育合力。

---

[1] 程晓堂. 课程改革背景下英语课程资源的开发和使用：问题与建议 [J]. 中学外语教与学, 2019 (07).

在英语教学中，教师要对教材内容、教学目标进行深度解析，立足学生的实际情况，采用协作的方式，利用网络平台等多种渠道，开发适合的、有效的、全面的、发展的课程资源，为学生的英语学习提供强有力的支持。

在开发利用显性课程的同时，还应注重隐性课程的开发。隐性课程的开发能够使教师更容易形成科学有效的课程开发与利用观念，不但可以优化教师的知识结构，还能提高其教学能力，使学生成长，从而达到教与学的目的。此外，资源的开发与利用有利于促进和发展教师的英语专业性——教师不再局限于教室，而会有意识地思考应如何进行隐性课程研究、如何开发和利用，由此达到自身英语素养以及教学能力的提升。其次，它有助于提高课堂教学水平和课内、课外的教学质量。

（三）开展个性教学

高校在利用现代教育技术开展英语教学时应该充分利用网络开展教学，立足于学生的特点进行个性化、多元化的教学，充分提高教学水平和教学质量。首先，教师应该利用网络优势充实教学内容，选择优质的教学资源开展英语教学活动，打破传统英语教材的限制；其次，网络上面有很多优质教学平台，教师在教学中要充分发挥这些教学平台的作用，借鉴这些教学平台的长处，提高英语教学的趣味性和针对性，让学生主动学习；再次，教师应该引导学生通过网络工具学习英语，提高学生的自主学习能力；最后，教师要针对不同基础、不同特点的学生开展多样化的教学，因材施教，使学生实现个性化学习。

第二章 信息化环境下的英语教学内容改革

第一节 信息化环境下的英语教学基础

一、理论基础

(一) 信息化教学设计理论

教学信息化理念是在信息化大背景下所提出的,是教育发展的现实需求,实现了对传统教学观念的有效转变,主要将信息技术与教学相结合,通过信息技术来创新课堂教学模式,优化课堂资源配置,并努力实现各种资源的有效整合,真正实现教学理论、技能、方法、设备之间的充分融合,为学生营造优良的教学环境。

在信息化背景下,教师教学环境发生了重大变化,这就要求教师必须改变原有教学模式,顺应信息化教学需求。在新的教学模式下,师生主体地位发生了重大变化,以学生为本成为信息化教学模式下的主要理念。学生将处于教学核心地位,教师在教学活动中要积极发挥引导、协助的作用,要在信息技术的作用下,营造良好的学习环境,充分调动学生的自觉能动性,使其充分参与信息化课堂学习当中。同时,教师要提高对应的信息化应用能力,能够充分实现利用信息技术,实现教育与信息资源的有效整合,设计与教学目标相一致的教学案例。关于教学设计能力,一些学者认为,计划、设计、分析、开发、执行、管理等能力均是教学设计能力的重要构成要素。由此可见,信息化教学能力包含的内容十分广泛,其中设计能力只是其中一个构成要素。即便如此,这种能力对于教师而言也是非常重要的。所以,在信息化教学能力探究中将信息化教学设计理论作为基础开展探究。

(二) 加德纳多元智能理论

Howard Gardner(霍华德·加德纳)是美国心理学家,他在 20 世纪 80 年代提出了著名的多元智能理论。他认为,个体身上存在相对独立着的、与特定的认知领域和知识领域相联系的智能。具体体现为语言、逻辑数理、空间、运动、音乐、人际、内省、自然探索和存在共九种智能。他所提出的多元智能理论在教学当中也得到了有效体现,具体表现为:

1. 开展个性化教学

该理论认为，每个人都是独立的，具有自己的行为意识，在智能方面存在差异性，而且每个人所拥有的智能并不全面，一些智能通常不会同时存在。不过他认为，较高的单独智能是可能发生在个体身上的，简单来讲就是个体差异。在教学活动中，对应主体是学生，而学生作为个体对应的智能是存在较大差异的，这种个性差异不能被磨灭，而应当予以尊重。所以，在教学活动中，教师必须注重学生个性挖掘，突出学生个性，更好地满足学生发展需求。

2. 激发学生多智能学习

加德纳在多智能研究中提到，一共有九种智能，个体所具备的智能数量是不同的，因此，教师在教学活动中，必须注重学生个性差异，通过各种方式、方法来激发学生潜力，让学生智能得到有效调动。学生智能是能够被调动起来的，想要调动就需要把握好学生的兴趣、爱好、特征，同时要结合学生生活现状开展对应的教学活动，要为学生提供更多自主交流的机会。所以，在教学活动中，教师要尽量为学生提供与其生活相关的教学环境，这样可以提升学生体验感。例如，可以通过项目学习来让学生充分参与到教学活动中，同时在项目学习中培养学生的探究、分享、讨论等能力。项目学习能够让学生积极自觉地参与到学习当中，对学生创新能力、自主学习能力的培养具有重要意义。素质教育注重学生多元能力的培养，但并不否认学生个性化发展，所以需要通过科学合理的教学模式来达到个性与共性的平衡发展。

（三）建构主义学习理论

这种理论认为，构建知识并非静态实现的，而是需要学习者参与到现实当中，通过学习互动，更多地掌握多元化知识，并构建自己的知识体系，不是被动地接受，而是自觉主动地吸纳。该理论在教学当中的体现主要表现在以下方面：

1. 学生层面

通过教师所构建的教学情境，学生能够自觉主动地参与其中，并在合作交流当中获取信息、整理信息、分享信息，学生在其中处于核心地位，通过学习构建自己的知识体系。

2. 教师层面

教师要发挥好引导作用，要创新教学方法，将教学内容与生活情境进行有效融合，激发学生兴趣，培养学生的探究能力，让学生通过情境融合提高对现实问题的解决。在教学当中，教师需要树立以学生为主的教学理念，教师在其中要发挥好引导作用，努力构建良好的教学环境，为学生提供必要的学习资源。注重学生创新能力的培养，将问题探究有效融入到教学活动中，通过苏格拉底式提问来提高学生注意力。"协作学习"是构建主义的核心内容，简单而言就是在知识构建当中，需要通过整体学习来更好解决所遇到的问题。对于项目学习来讲，其本质就属于构建主义模式，所以在学生构建主义学习理论培训当中，就可以通过项目学习方法展开教学活动。构建主义注重问题的提出与解决，通过合理引导来更好地让学习主体参与其中，达到预期设计目的。

（四）后现代主义课程观

实现学生自我解放，提升学生批判能力、交际能力是后现代主义课程观的主要教育目的。多尔是该观念的主要代表人，在其提出的"4R课程标准"理论中明确提到，课程开发过程中，回归性、严密性、丰富性、关联性为课程开发指明了方向，"课程理解"是这种观念的主要体现。

在教学设计方面，英语教师不仅需要对教学内容进行汇总，同时还需要将设计方案运用到对应的实践活动当中，在实践当中掌握学生学习状况，并对原有方案进行优化，以更好地满足学生需求，真正达到激发学生潜力，调动学生自觉主动性的目的。在课程方面，教师要做好课程内容的挖掘，从广度、深度入手，设计具有挑战性的教学活动，让学生通过挑战完成对应学习任务。在此过程中，学生的团队合作能力、探究能力就会得到有效提升。

通过教学资源与学科的有效结合，为学生营造一个良好的学习环境。同时，在信息技术作用下，构建完善的知识体系，让学生在知识理解方面变得更加自然、顺利，并最终构建一套自己的英语学习体系。学习是需要探索的，在英语教学当中要注重培养学生的探究能力，学习知识既要了解外在知识所要表现的含义，又要理解知识在现实生活当中的运用，科学引导学生发现问题、提出问题，在学习过程中及时反思。总之，将信息技术与英语教学活动进行有效结合，需要尊重教育教学理论，在该理论指导下开展对应教学实践活动。此外，在实践当中，要在多元智能理论基础上，为学生创造多元学习空间，用信息、技术满足学生在英语学习方面的多元化需求，通过共享平台、交流平台为学生构建完善的英语知识体系，实现英语教学水平及学习效果的全面提升。

二、相关概念

（一）教学

简单来说，"教学"就是教书，即教学生学习功课。这里的"教"是动词，意即把知识或技能传给人。具体来说，教学是一种人类特有的人才培养活动，由教师的教和学生的学构成。在实施这一活动的过程中，教师通过有目的、有计划、有组织地引导学生去学习和掌握文化科学知识和技能，从而提高学生素质，促使他们成为社会所需要的人。

广义的教学包括一切学习、自学、教育、科研、劳动以及生活本身。[①] 狭义的教学，则多是指在传统教学里学生学习知识和技能的过程。然而，随着信息技术的飞速发展，教学理念发生了转变，即如下理解：教学是一个教与学的过程，在这个过程中，师生共同进步和发展；同时，在教学中教师的角色发生了变化，即教师角色转变为课堂的"主导者"，而学生才是课堂的"主体"，不再是被动的接受者。因此，在信息化背景下，教师在与学生的交流与对话中，应尊重学生的自由意志，开发学生的智力潜能，培养学生的个人品德，使每个学生都能达到最佳发展水平。

（二）信息化教学

信息化教学就是指借助信息技术更好地完成教学，因而其核心是教学，中心语言也是教学。具体而言，就是指教师在教学过程中利用信息媒体和信息资源进行的互动活动，同时学生也可以利用信息化的方法进行学习。在教学效果上，因为教学活动的影响是双向的，所以教师的教育理念、教育方法和组织结构都会对学生的教学过程产生一定的影响，这与传统教育所带来的影响存在差异。在技术层面上，信息化教学更加注重现代信息技术在教学中的使用效果，并认为对教学活动的理解和研究要从技术层面进行，这是关键。在教学手段上，信息化教学依靠大量的多媒体教学材料来进行教学，具有资源全球化、多媒体化、学习自主化、活动合作化、管理自动化和环境虚拟化的功能。

（三）信息化环境下的英语教学

相对于传统教学而言，信息化教学是一种以信息技术为特征的现代教学形式，在英语教学领域也应用广泛。英语教学主要以英语授课为主，在信息化技术发展下，教师秉承奉献、求实、高效、安全的工作理念，将授课方式与多媒体平台、计算机网络、智能手机、其他移动设备、远距离信息为代表的最新信息技术手段融合，从而实现英语信息化教学。从课件的教学开发、操作、使用、维护等过程及研究方向上，充分体现了英语教育可持续发展的特点，以适应信息社会的新要求和教学需要，最终实现教学实践的目的。因此，必须在教学和学习过程中整合、完善相关资源，并进行对比组合和优化，最终有效地促进英语教学改革。

综上可知，信息化环境下的英语教学就是指一种在现代信息技术综合运用下，让学习者可以更自由地学习英语，并满足其学习需求，从而刺激英语学习者的学习动机，激发学习兴趣，最终让英语的学习更具交际性、实用性和可操作性特点的教学活动。它是由"英语教学"和"信息化手段"两个关键部分构成的，其中英语教学是核心内容，信息化技术是手段，即在信息化手段的利用下有助于优化英语教学活动。另外，随着社会技术发

---

① 陈旭远. 课程与教学论 [M]. 长春：东北师范大学出版社，2002：42.

展，信息化技术手段层出不穷，不仅可以利用图片、音乐、视频、动画等多媒体手段，而且还可以借助教学软件、虚拟仿真设备、云教室等网络技术，这些技术手段在一定程度上都使英语教学及学习过程更加生活化、趣味化，并且对大脑的刺激作用更强，可以增加运用语言的机会更多，语言学习的机会也更强。

第二节　信息化环境下的英语教学发展

一、信息化环境下英语教学的前景

就目前而言，信息化英语教学这种新型教学手段不受时间、空间资源的限制能够广泛而实现推广的目的。不论是我国还是从世界范围来看，因信息化英语教学的共享性，这在一定程度上缩小了城乡教育资源的差距。同时，教师和学生对其有很大的选择性，也来源于信息化英语教学的灵活性和手段多样性的特征。如今是信息技术大发展的时代，信息化英语教学也就成为了英语教学的中流砥柱，并将在很长一段时间内，承担起新时代英语教学的重任。

二、信息化环境下英语教学的必要性

在现代化社会的发展下，信息技术成为主流，这也给教育带来了更好、更广阔的平台。在信息化环境下，各种以信息技术为基础的教育形式也为教育带来不少助益。由信息技术支撑的虚拟信息交流平台不受时间、空间的限制，在一定程度上方便了教师的教与学生的学。同时，社会的发展也越来越趋向信息化，这也为英语信息化教育吹响了新的号角。

就目前而言，学校要想提高整体教育质量，就必须深入推进英语教学改革，提高英语教学水平，这是现代化学校发展的必然趋势和目标。在实际实施过程中，教育界人士的普遍认同和支持对高校英语教学进行深化改革，而各高校也开始重视信息化现代教学手段在教学中的作用，不仅更新了教学观念、重视对资源设备投入，而且结合自身实际教学情况，对教师进行相关培训，并取得了一定成效，让实现学校信息化教学发展成为可能。

社会的发展带动了信息技术的发展，信息技术的发展促进了信息化环境下的英语教学的发展。面对如今的信息化环境，英语教学也将产生新的教学理念，以期提高教学质量、优化教学活动，利于教育改革的实现。同时，信息化环境下的英语教学也是顺应时代发展的产物。其是时代发展的必然，主要体现在以下几个方面。

（一）信息化时代的必然要求

教育是文化传承的重要形式，更是文化传播的重要途径。无疑，信息化环境下的英语学习资源是丰富的，尤其是数据库、电子图书等网络化资源的开启及应用，给学生提供了

良好的资源获取渠道。教育的信息化也是信息化时代的必然要求,英语教育要实现信息化的教学才能更好地顺应历史发展的规律,推动英语教育向前发展。

(二) 人才市场需求的要求

随着互联网的快速发展,社会各行各业对于人才的需求均发生了巨大变化,新型信息技术人才成了当前最为紧缺的人才之一。因此,培养适应当前社会发展需要的人才成为当务之急。教育是培养人才的主要手段,我们必须加强对英语技能人才的培养,为社会的发展提供必要的英语人才。

(三) 教育全球化的影响

当今世界,是一个科技化、信息化和网络化的世界。经济上向全球化方向发展,带来了教育全球化的改变。随着经济、政治的全球化发展越来越快,这为国际间的学术交流、文化研讨分享等创造了有利条件。学习各国文化,分享各国教育资源已成为了世界各国人民的共同愿望与期盼。随着"地球村"的形成,教育全球化已成为未来教育的发展趋势和潮流,是当今教育发展的既定方向。而英语作为当今世界交流的主流语言之一,它已不再仅仅是一种语言的象征和交流的工具,它成为了当今世界各国提高自身竞争力的一种重要手段,更是各国了解天下事的主要工具之一。总之,学习英语已不再是仅仅关系到个人自身文化素养提高的问题,也是我们向其他国家展示我国教育发展水平的重要指标之一。就目前而言,不仅是我国,许多其他国家都已经将英语教育纳入了自己国家的教育体系,英语也势必成为各国基础教育阶段的重要课程。当然,随着教育的教学发展,英语的教学必然也会向信息化延伸。

三、信息化环境下英语教学的转向

(一) 教学场所由课堂转向课下

在传统的课堂教学中,学生的学习环境仅局限于课堂,很少有课外学习,从而导致学生的学习效果只能在课堂上反馈,在英语课时有限的情况下,学生的学习效果达不到理想状态。但是,在信息化环境下的英语教学可以有效改善这一现象,通过借助网络及相关信息技术,学生可以跨越时间和空间的限制,随时随地学习。这样的学习是自由的,不是强制要求学生被动接受,因此有利于学生自主学习。

(二) 教学成效由粗略转向精准

传统的教学中,对于学生的学习效果如何、教学目标是否达成等问题,教师是很难掌握的,只有通过每一次的考试测评才能看出效果。但这样的反馈结果时限太长,很多问题不能及时发现,也就不能及时解决,这样也导致了教学效率的低下。随着英语信息化教学的实现与发展，各种教学信息平台纷纷建立，师生之间交流反馈的信息系统也出现了，这为师生之间互相交流的教学情况提供了便利，学生的学习效果可以通过数据分析及时反馈给教师，教师教授中存在的问题也可以得到学生的及时建议与反馈。因此，就英语信息化教学来说，其让教学的成效变得更加精准。

（三）教学资源由稀缺转向丰富

英语信息化教学是通过信息技术为中介实现的现代化教学。在信息技术快速发展的今天，信息化的教学资源在教育中得到了广泛利用，多媒体技术、远程技术以及虚拟仿真技术等各种信息技术使用使得各种学习资源进入了课堂，出现了很多的新型教学形式，如微课、微视频、动画视频教学等。这些新型教学方式的出现，激发了学生的学习兴趣，丰富了教学资源，有助于教学效率的提高，同时也开阔了学习者的视野。

（四）教学评价由单一转向综合

教育始终追求的是学生的综合全面发展。传统的教学评价由于数据太大而没办法让更多的人力去处理，教学评价结果难以实现。英语信息化教学的实现，让信息化教学平台得以应用，这大大降低了数据处理的难度，让教学评价工作得以成功综合起来。因此在英语教学中，教师可以运用相关的信息平台或信息技术对学生的学习进行全过程跟踪，最后得出全面的、综合的评价。

（五）教学诊断与个性化辅导成为现实

马太效应是传统大班教学中难以消除的问题，而随着信息技术在教育中的运用，可以让该问题得到解决。在当今信息膨胀的时代，利用信息技术，针对学生某一门课程或某一阶段的学习情况可以给出相当准确的答复。同时，针对各个学生学习情况的不同，教师可以通过在线交流或提供公共学习资源使学生得到针对性的教育，针对学习中基础较差的学生也可以进行个性化的辅导。因此，在信息化背景下的英语教学可以对每个学生的学习情况给出最为准确的诊断，并进行个性化的指导。

第三节　信息化环境下的英语教学资源

随着信息时代的到来，信息传输的速度越来越快，共享的范围削弱了时间和空间的概念。在信息环境下，高校英语教学资源的获取范围将大大扩大，并且有可能从学校和家庭教育资源扩展到世界各地。丰富的教育资源也推动了教育模式的创新。在资源整合方面，信息环境中教育资源的数字化比书籍、报纸和期刊等书面材料更易于整合，并且有利于资源分配。如今，课程要求中也强调信息技术在新的教育模式下的重要作用。因此，随着信息化环境下教学改革的不断深化和高校英语教学资源整合与共享问题得到解决，对于提高大学英语教学效率将起到重要作用。

一、信息化环境下的英语教学资源

(一) 定义

信息化环境下的高校英语教学资源通常包括大学英语学习过程中积累的各种信息、信息创造者、信息技术和学习过程中信息要素的集合等,即是所有对大学英语学习有用的信息。具体而言,主要包括以下几个方面:

1. 如图书、课件、电子教材、多媒体光盘、其他网络资源等硬件教学资源。
2. 信息化的教学环境,尤其是基于信息技术的交互式的大学英语教学环境。
3. 有助于学习者有效实现英语学习的内外部条件,如信息设备和设施、信息活动经费和信息技术人员等的支持。

由此可见,当前时代背景下的信息化英语教学资源也是英语课程资源的一种,且是充分利用了信息化技术的一种英语课程资源。当前环境下,可被利用的物力条件、人力条件、财力条件以及互联网条件都可作为英语教学有效开展的基础条件,这也是当前背景下信息技术为英语教学提供的一大优势。随着信息技术在教育行业的应用,信息化环境下的英语教学也被提上了教育改革的日程。当前,信息技术正在与英语的教学进行更为深度的融合,传统的英语课堂已逐渐被新型的信息化课堂所替代,英语教学资源在这样的条件下也日益丰富,为学生提供了更为便利的学习途径和更多获取知识的渠道。英语教学资源也不再是单一形式,多样性是当前英语教学的一个主要趋势。目前,无论是教师的课堂教学还是学生的自主学习,无论是教学材料还是教学系统的使用,均离不开信息技术的支持,信息技术已成为教学中不可缺少的组成部分。由此可见,信息化环境下的英语教学资源在英语的教学中已占有十分重要的地位,在未来,信息技术更将成为英语教育的重中之重。

在信息化教育背景下,英语的教学是非线性的,它通过利用图片、声音、文本、影像等信息,把相关的教学内容结合起来,通过各种信息技术的交互作用,根据学习者的需求、认知特征、学习目标等来设置,以便让学习者提高对所学内容的积极性,以此来达到相应的教学目标。信息化教学把海量的知识以各种形式进行融合和提炼,提高了学习效率,并且以开发的形式把资源放在相关的网站,有利于学习者随时随地进行学习,不再受时空的限制。

(二) 特点

信息化环境下的英语教学具有交互性、多元性、集成性和共享性的特点。

1. 交互性

英语教学资源的交互性,是指各种教学资源的使用不再是传统单一性的,它们可以交叉运用，以达到教学效果的最大化。英语教学资源的这种特征有利于培养学生自主学习的积极性，养成独立主动学习的良好习惯。

2. 多元性

英语教学资源的多元性是指当前英语教学的资源多种多样，如硬件教学资源、软件教学资源和多媒体教学资源等。在英语教学过程中，老师和学生可以利用各种资源来进行教与学。多种资源的应用为学生的学习打开了新的学习模式，提高了学生学习的兴趣，让学生的学习化被动为主动，这更有利于学生对知识的获取和掌握。英语教学资源的多元性也为教师的授课方式增加了趣味性，教师可利用的资源增多，扩大了教师的视野，提高了教师的教学水平。

3. 集成性

英语教学资源的集成性是指，在信息化教学背景下，各种教学资源可以和课堂教学进行整合，各种教学资源去粗取精，保留最为精简的知识点，这对学生和老师来说，都是一个良好的选择，除去繁杂无用的信息可节省大量的时间，也有利于最大限度地降低老师和学生的认知负荷，提高老师的教学效率，提高学生的语言综合能力。

4. 共享性

在信息化时代，随着科技的发展，很多领域都不再是个人的单打独斗，而是相互合作、资源共享，只有这样才能在激烈的竞争中立于不败之地。英语的教学也不例外，只有合作才能让英语教学不断发展，只有资源的共享才能让每个学习者与时俱进、共同进步，在社会不断多元化的需求下不被社会所淘汰。因此，英语教学的资源共享显得尤为重要。英语教学资源的共享是指英语教学的各种资源可以在各大学习平台、校园网站和教育网站进行公开，以便让大家都可以对相关资源进行共享。英语教学资源的这种特性，有利于给各位教师减压，让教师有更多的自由时间安排更好的教学；同时，资源的共享为学生提供了更为广泛的学习资料，让学生根据自己的需要选取相关的资料进行学习，这让学生有更多的时间来学习自己不懂的知识点，而不需要像传统教学那样"一刀切"，节省时间，提高学习效率，有利于教学目标和学习目标的达成。

二、信息化环境下英语教学资源的应用

（一）信息化环境下英语教学资源应用的影响因素

信息化教学资源好比是为修建房子打下的地基，在实施信息化教育的过程中，起着奠基的作用，同时也是保证教学信息化成功的关键。根据近年来信息化教育的发展情况，分析总结出在信息化教学资源的应用中对其产生影响的相关因素，如图2-1所示。

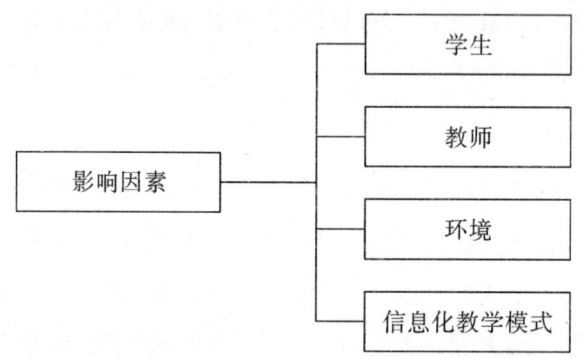

图 2-1 信息化环境下英语教学资源应用的影响因素

信息化教学资源的应用受到很多因素影响，即学生、教师、环境和信息化教学模式，各个要素之间相互影响，相互制约，共同影响着信息化教学资源的应用。

1. 学生

学生对于信息化教学资源在英语信息化教育中的作用是不言而喻的，这源自于学生在信息化教育中的主体地位。学生对信息化教学资源在信息化教育中应用的影响因素具体包括三个方面：一是学生应用信息化教学资源的态度及动机；二是学生在信息化教学环境中的学习风格；三是学生对信息化环境下英语教学资源的应用能力。① 这三个方面内容的具体阐述如下：

（1）信息化环境下英语教学资源的丰富性和多样性刺激了学生对英语的学习兴趣，并就此对这种新型的学习模式产生了积极认可，由此对英语后续的学习也产生了积极作用。在对信息化环境下英语教学资源的应用过程中，学生积极的态度和良好的动机让他们在英语学习中越发适应，提高了他们的学习质量，开阔了他们的视野，这样的结果导致他们越发对信息化环境下英语教学的认可，强化了他们对信息化环境下英语教学资源的使用。②

（2）在信息化教学环境中，学生表现出的学习风格是指在英语学习中，学习者面对学习所得到的不同刺激，并对各种刺激做出不同反应所产生影响的心理特性。这种心理特性主要体现在以下三个方面：一是学习者对信息化环境下的英语教学资源接受加工方面的差异；二是对学习环境和学习条件要求不同的差异；三是在对信息化教学资源认知方式上的差异。举例来说，"视觉型"学习者更喜欢通过图片、视频等视觉刺激资料进行学习。这样的学习者不太喜欢老师讲解，更愿意通过相关视频、图片资料来寻找知识点的衔接，以此产生完整的知识印象。"听觉型"学习者倾向于听课，即喜欢通过别人的讲述来掌握知识点，如教师的授课方式，他们善于对所听到的信息进行语言组织。③ 因此，针对不同学

---

① 祝智庭. 现代教育技术——走进信息化教育 [M]. 北京：高等教育出版社，2005（07）.
② 董玉琦. 信息教育课程设计原理：要因与取向 [D]. 长春：东北师范大学，2003.
③ 徐红彩. 数字化教学资源的设计与开发 [J]. 开放教育研究，2002（06）：41-43.

生认知方式上的差异，要因人制宜地采取不同的教学方式，对信息化环境下英语教学资源的利用也要有针对性。

（3）学生对信息化环境下英语教学资源的应用能力是确保学生能够是否顺利进行学习的关键，要有足够的信息技术能力才能利用信息化教学资源。对于学生对信息化环境下英语教学资源的应用能力指标主要有两个：一是学生能够明白自己需要何种信息；二是学生要能够对获取的信息进行处理、评价、表达与交流。因此，必须提高学生对信息化教学资源的应用能力，让学生能够掌握一定的信息技术，只有这样才能取得信息化环境下的英语教学所反馈的效果。当然，更为重要的是要让学生能够利用信息化教学资源解决学习中遇到的问题，主动探索，不断拓宽自己的知识结构体系。

2. 教师

教师对信息化教学资源应用的影响可以从多个维度进行分析。在这里从教师对信息化教学资源的应用实践层面来分析。教师对信息化教学资源的应用主要包括三个方面：一是教师对信息化教学资源的信念；二是对于应用信息化教学资源的态度和动机；三是运用信息化教学资源的能力。这三个方面内容的具体阐述如下：

（1）教师对信息化教学资源的信念是指在信息化教学的过程中，教师对信息化教学资源的看法以及对信息化教学资源对教学活动、学生学习等产生影响的基本看法。这种信念一旦形成，具有相对的稳定性，在未来的一段时间里都不会发生改变。教师对信息化教学资源的信念是教师应用信息化教学资源的前提条件，它决定了教师对应用信息化教学资源的态度、动机，并且它能够辐射到教师教学的方方面面，指导教师应用信息技术教学的行为。因此，教师对信息化教学资源的信念可以说在信息化教学资源的应用中起着决定作用。[1]

（2）教师运用信息化教学资源的能力是信息化教学成败的关键，即教师拥有较高的信息技术应用能力，才可以让信息化的教学成功开展。因此，教师必须追随社会的发展潮流，遵循教育发展的历史规律，努力提高自身的信息技术应用能力，积极把各种对教学活动有利的信息技术加以应用，主动参加关于信息化教学的研讨会、主动去学习信息技术知识，只有这样才能在新型的教育模式下不被淘汰。

（3）态度是人们对某一事件或对某事物的价值评价或行为倾向。动机是人们对事情产生感情指向的发端，是人们内在的一种驱动力。教师对信息化教学资源的态度和动机是教师教学活动中的组成部分，决定了教师在教学活动中是否应用信息化教学资源。因此，要想成功地让信息技术在教学中进行应用，首先必须改变教师的态度，让他们接受新的教学

---

[1] 祝智庭. 现代教育技术——走进信息化教育 [M]. 北京：高等教育出版社，2005（07）.

理念和学习理念。教师对信息化教学资源的态度包括：①是否愿意在教学中应用信息技术，即对信息技术是否有需求；②教师是否愿意提升自己的信息技术应用能力，当教师能够心甘情愿、主动地去学习信息知识、了解信息技术、提高自己应用现代信息技术的水平后，才能够有意识地在教学活动中主动使用它。教师对信息化教学资源的动机是教师应用信息技术教学的促进因素，它体现了教师对信息化教学资源的认可程度，能否持续主动应用信息技术。只有当教师了解了信息化教学资源在教学所起的良好作用后，老师才会支持信息化教学资源在英语教学中的使用，才会带动其他老师对信息化教学资源的使用。

3. 环境

从环境方面来看，主要包括校外环境和校内环境两个方面。这里的校外环境主要是指在社会发展的趋势下所面对的时代环境，就是信息技术飞速发展的互联网时代。从校外这个大环境来看，信息化环境下的英语教学是顺应社会发展规律的必然趋势，信息化环境下英语教学资源的应用就是信息化环境下英语教学中的重要组成部分。而校内环境的范围是有限的，主要分为学校资源环境和学校文化环境。

（1）学校资源环境是指学校为学习者提供学习资源和学习材料的场所，如电子图书馆、电子阅览室、校园网站、学习资源中心以及各种信息化环境下的英语教学资源系统等。它有两个明显的特征：①拥有大量丰富的信息资源，可以为学生和老师查找资料、自主学习提供方便。学习信息资料的全面性让师生可以获取自己想要的资料，提升自我的文化素养。②可以自由访问。在有互联网的情况下，学生和老师都可以随时对相关的信息化环境下的英语教学资源进行访问，不再像传统那样，资料的查询只能来自于报刊、杂志、图书等，更是有时间上的限制。而在信息化教学资源的应用下，老师和学生可以及时地获取相关的信息。①

（2）学校文化环境是指学校的价值文化、教师文化、学生文化和校园文化等，一个学校的文化环境会影响一个学校对信息化教学资源的应用。② 如果一个学校对信息化教学有着强烈的认同感，那么，信息化教学在这个学校的开展就会非常顺利，信息化教学资源在这个学校的应用也会非常顺利。所以，要想信息化教学资源的应用得到顺利开展，还应该注重学校文化环境的建设。

4. 信息化教学模式

信息化教学模式是在信息时代下基于技术的教学模式或数字化/信息化学习模式条件下的新发展。这里的信息化教学模式是指一种教学模型，该模型包括基于学习环境设计理论和实践框架的相关教育方法和策略。学生、教师对信息化环境下的英语教学资源应用的

---

① 钟启泉. 国家基础教育课程改革纲要（试行）解读 [M]. 上海：华东师范大学出版社，2003.
② 李文琪，解月光. 现代信息技术教学应用的现状分析与思考 [J]. 中国电化教育，2000（11）：5-7.

影响是毋庸置疑的，其在信息化环境下英语教学资源的应用中占有十分重要的地位，同时从整体上来看，若把学校当作一个完整的体系，那么信息化的教学模式便是这个体系中不可缺少的组成部分。因此，分析信息化教学模式对信息化教学资源应用的影响是必要的。信息化的教学模式是在信息时代背景下，以信息技术为载体的新型教育方式，是新兴的事物，在未来的发展中，必将不断发展壮大。从上述关于信息化教学模式的论述中，我们可以明确地知道，在教育改革的背景下，信息化教学模式在学校教育中起到了重要作用，它对信息化环境下英语教学的发展、建立信息化的教学方法、教学策略以及对英语信息化教育理论的构建等都有重要的影响。

从某种程度上来说，信息化教学模式影响着学校教育信息化建设和发展的方向，而信息化环境下的英语教学资源是信息技术得以应用的基石。因此，信息化环境下的英语教学资源的另一个重要影响因素就是信息化教学模式。我们必须掌握科学的信息化教学模式，为促进信息化环境下的英语教学提供必要的支撑。

（二）信息化环境下英语教学资源的应用特征

信息技术的快速发展加速了信息技术在教育领域的应用，从开始的缓慢进程到后面的逐渐普及不过几十年的时间。因此，信息化环境下英语教学资源在英语教学中的应用也逐渐普及，当前也有其自身独特的特点。

（1）当前大多数学生的信息素养较好，对信息化技术的应用能力较强。在信息化快速发展的背景下，学生顺应时代发展的脚步，努力提高自身的信息化应用能力。因此，学生对信息化环境下英语教学资源的应用比较得心应手，大多数学生都能够让信息化教学资源在自己的学习中发挥出重要的积极作用，让自己的英语文化素养得以提升，让自己的英语应用能力得以提高。

（2）教师对于信息化环境下的英语教学资源在信息化教学中的合理利用与英语教学的内容结合已形成了相对成熟的观点，认可了信息化环境下英语教学资源在英语教学活动中的积极作用。在课堂教学中，以学生的学为中心，利用信息化技术为学生创设合理的情境，科学安排课程教学的各个环节，让学生在轻松愉悦的学习环境中，得到情感、知识和技能上的提升，这样不仅让学生掌握了英语知识，也让学生的基本化素养得到了培养。

（3）信息化环境下英语教学资源的应用环境较好，能够让老师和学生积极主动地去应用信息化环境下的英语教学资源，这对英语课堂教学产生了积极的促进作用，创造出了良好的教学氛围，让老师和学生都能够积极融入教学活动中。信息化环境下英语教学资源的利用，让老师和学生有了更为广阔的交流平台，随时可以进行相关学习问题的探讨，这样有利于师生共同进步，做到教学相长。

（4）在信息化环境下英语教学资源的不断应用中，教师对于信息化教育的观念已经发生了巨大的改变，英语的信息化教学已逐渐深入人心，大多数教师对信息化教学已经有了认同。目前，教师最大的改变还在于由以往纯粹地把信息化教学资源作为英语教学活动中辅助学生学习的工具转变为向培养学生如何学习、如何让学生建立自己的学习模式，教会学生应用信息化环境下的英语教学资源，并让它在学生的学习中发挥出应有的作用。在这样的情况下，信息化环境下英语教学资源已逐渐成为了师生学习过程中的认知工具和情感激励工具，促进了教育更进一步发展。

（5）在信息化环境下的英语教学资源的应用过程中，教师对于培养学生的资源利用能力和自身对英语教学资源的利用都达成了比较统一的认识。即教师要改变自己的传统教学模式，改变自己传统的教学理念，建设开放的信息化教学资源环境，在英语教学活动中寻找教学资源的应用优势，对信息化环境下英语教学资源的发展形势要有坚定的理念，培养学生自主学习、探究学习的精神，更要让学生学会对信息资源进行处理、利用，面对学习中遇到的问题要以主动和积极的心态去解决。

（6）在信息化教学的大背景下，大多数教师，特别是年轻教师的信息化素养和英语专业水平都较高。教师在英语教学活动中，大多能够有效地利用信息化教学资源来加深课堂教学的趣味性和生动性，并且能够吸引大多数学生的注意力，让他们在课堂上集中精神。再者，教师的专业能力能够得到大多数学生的认同，从而对教师产生认同，这不仅有助于良好的师生关系的建立，而且有助于课堂教学的顺利展开。

（7）随着信息技术在英语教学中的应用，教师改变了传统的教学方式和培养方式，不再以语法的教授为主，不再是机械的习题训练，让学生的英语都学成了"哑巴"英语。现在教师更注重对学生英语应用能力的培养，根据社会的需求，努力培养社会需要的新型英语人才。学生通过对信息化环境下英语教学资源的应用，可以通过仿真的模拟英语对话提高自己的英语表达能力。相对于传统的英语教学来说，学生更喜欢信息化的教学模式，并对英语产生求知欲。

（三）信息化环境下英语教学资源应用的有效性

1. 有效性定义

有效性的定义不是恒定的，因为不同的历史阶段、研究观点等产生了不同的定义。到目前为止，尚无有效性的完整标准，并且存在各种各样的观点。一些学者认为，有效性是指有效能、效力或效果。还有一些学者认为，有效性足以实现特定目的并达到预期或期望的结果。[①] 从不同学者的角度，我们可以看到有效性的共同特征：目标和结果的实现。因此，我们在此处定义有效性如下：有效性是指达成特定目标的效果，或特定活动计划的结

[①] 沈国强. 创新教育新论 [M]. 成都：西南交通大学出版社，2007.

果达到给定目标的程度。它着重于实现目标,例如,如果一项活动以最少的资源成本获得了预期的结果,则表明该活动是有效的。因此,有效性是所有活动的量度,意味着既有效率,又有结果,还有收益。我们得到:

有效性=效率+效果+效益

在本书中,我们所讲的信息化环境下英语教学资源的有效性是指在信息技术应用于英语教学的条件下,英语教学活动所能达到的一种更为良好的状态,这种状态是一个动态的、发展的过程。因此,在这里有效性一词表达的是一个相对的概念。在文中,我们讲解信息化环境下英语教学资源应用的有效性目的在于让人意识到信息化教学资源在信息化教学中所起的重要作用,对于信息化环境下的英语教学资源应用有效性的分析,可以让我们在英语教学中,更好地利用信息技术,以让英语教学达到一个新的高度。

2. 英语教学资源应用有效性定位

(1) 正确评价英语教学资源在教学中的作用。信息化教学资源是教育信息化中的重要组成部分,更是不可或缺的基石。因此,在推动信息化教育的过程中,信息化的教学资源是基础,是不可缺少的重要环节。信息化环境下英语教学资源的有效应用是多方面的,学校现有的信息技术设施设备和信息资源是基础,而外延范围的人文环境、信息化环境也是不可或缺的因素。一直以来,信息化教学资源的建设及信息化教学资源在信息化教学中的作用,这在信息化教育的过程中总是容易被我们忽视的。为此,我们要正确掌握信息化环境下的英语教学资源在信息化教学中的作用,把学习对象的需求与教学任务相结合,恰当地利用每一种信息教学资源,让每一种信息化教学资源能够发挥出最大的作用。只有把优质的教学资源与恰当的教学方式相结合才能发挥出教学资源应有的作用。对于优质的信息化环境下的英语教学资源只是在集中式的教学才被应用,那么这将是一种对优质教学资源的大大浪费。教师与学生在对信息化环境下的英语教学资源进行使用时,都要注重物尽其用,教师要最大限度地让自身的英语专业水平得到提高,自身的文化素养得到提升,而学生则要让自己的视野得到开阔,努力把自己打造成高素质的人才。①

(2) 多个因素共同影响着英语教学资源的应用。学生、教师、环境和信息化教学模式是信息化环境下英语教学资源应用的重要影响因素,同时它们也影响着信息化环境下英语教学资源有效性的发挥,因此硬件设施和软件设施必定要相互结合、相互作用的。良好的硬件设施是学习过程中的一个必要因素,但是对于学生学习的有效性不能起到关键性的作用,要想学生的学习优秀必定要依赖于学校良好的信息化教学资源与其应用的氛围,这也是教师发挥作用的重要保障之一。教师是信息化教学中的引导者,引导学生的学习方向,

---

① 王春蕾,刘美凤. 信息技术在中小学教育中应用的有效性的实现——相关指导原则的提出[J]. 中国电化教育,2005(8):28-32.

而教师只有把信息化环境下的英语教学资源与自己的教学策略相结合才能取得有效的成果。因此，教师首先要转变自己的角色定位，把自己从"表演者"变为"导演者"，这样才能在有限的学习时间内掌握每一个学生的个性化特征，对症下药，让教学活动变得因人而异，针对每个学生的学习特点为他们提供及时必要的帮助，让他们能够及时掌握相关的知识，顺利完成对各个知识点的建构。

与此同时，教师也应该拥有信息化的教学理念与意识，对信息化环境下的英语教学持积极支持的态度，这样便于教师对教学过程的引导。学生的信息素养是让信息化教学效益最优的关键，努力提高学生的信息技术能力，培养信息化时代的学习思维习惯，强化对信息化环境下英语教学资源的利用是保证信息化教学有效性的关键因素，因为学生是学习的主体，是信息化教学成功的主导者。恰当合理的信息化教学模式可以让信息化教学资源的优势得到提升，使学习效益达到最大化。在信息化教学不断发展的情况下，教师要不断地调整自己的教学策略、教学模式，使之适应学生不断发展变化的学习需求。当然，在经济全球化竞争激烈化的形势下，学习者更应该利用信息化教学资源提高自己的自信心和创造力，提高自己在社会上的生存本领，这才是信息化教学资源应用是否有效的判断依据，这也是教师教学策略是否正确的标准之一。因此，我们要注重教师、学生、环境、信息化教学模式四个要素对信息化环境下的英语教学资源应用有效性的影响，协调各个要素之间的关系，把各个要素看成是一个统一的整体，让各个要素在彼此的相互作用中发挥出最大的效益，让信息化教学资源能够物尽其用。

3. 信息化环境下英语教学资源有效性应用的措施

针对信息化环境下英语教学资源的有效应用，我们需要从多个方面去考虑。不置可否，信息化环境下英语教学资源是英语教学中的重要组成部分，我们可以从学习者的需求、信息化环境下英语教学资源的特点、现阶段的教学目标等多个方面对英语教学资源的有效性应用进行完善。同时，在信息化环境下，以现代教学理论为依据，以多媒体信息技术为中介，组合各个教学要素，针对不同学习对象的不同需求运用不同的教学策略，以不同形式呈现不同的教学内容，给教师和学生提供丰富的英语教学资源，为英语教学改革提供支撑，更为信息化教育贡献出应有的力量，这也是信息化环境下英语教学资源有效性的一系列举措。

下面就信息化环境下英语教学资源有效性的发挥给出的相应措施，具体表现在以下几个方面：

（1）坚持以学生为本的思想。坚持"以学生为本"的教学理念由来已久，尽管教学方法、教学目标、教学模式随着时代发展有所变化，但是以学生为本的主体地位是不会改变的。在英语信息化教学过程中，教学活动首先是以学生为中心的，一切教学资源都是为学生的全面发展提供服务的。在信息化环境下的英语教学中，学生不再是被动地接受知识的学习者，不再像传统学习那样被强行灌输各种知识。现在，学生是自我知识体系的构建者，是主动的学习者，教师不再是知识的传输者，而是帮助学生学习的帮助者和促进者。这也是现代教学区别于传统教育的优势之一。以学生为本的思想是建立在拥有充足的英语教学资源的基础之上，学生知识体系的自我建构也需要强大的英语学习资源支撑。因此，在以学生为本的思想指导下，应该培养学生现代学习理念，让学生转变学习态度，变被动学习为主动积极的学习，让学生在信息化教学中能够提升自己的综合素质，能够学会对信息获取、处理和利用的能力，强化学生学习的主动性，增加学生的创造性。同时，学生的学习应是适应社会发展需要，即学习的社会性，对于学生的培养，只有在尊重社会发展需要的基础上才是有意义的。信息化教学资源的应用必须为学生这个主体服务。

（2）创设真实的学习情境。创设真实的学习情境，这是在课堂教学完善到一定程度所产生的新的教学方法，它的目标是强调个体学习和协作学习的统一。创设真实的学习情境，便于学生把所学的理论知识运用到实践当中去，切身感受汲取的知识。在信息化环境下的英语教学过程中，教师可以借助创设真实情境这一教学方式促进教学，从而让学生在情境的模拟对话和表演中学会相关知识，寓教于乐的同时强化对英语语言的运用能力，让课本知识运用到实践中。当然，在这一过程中，不可避免地存在着两种学习方式——个体学习和协作学习，只有把两者进行有机的统一，才能把信息化教学资源的效用发挥到最大。

个体学习可以分别看成是建构主义学习理论或人本主义学习理论中的一种学习模式，其中包括学习者个体、学习目标、学习资源、学习环境、协作方式等多种要素。学习者是学习的主体，因此必须注重个体的学习，学生只有进行主动学习，才能够对信息化教学资源进行有效利用。①

信息技术与英语课程的融合，使英语学习环境更加真实化，教学资源更加多元化，并且通过网络信息交流平台教与学都打破了时间和空间的限制，而这种以传统小组协作学习和在线远程合作教育相融合的方式，可以最大限度地利用信息化教学资源，从而提升学习效率。

在现代教育中，个体学习和协作学习这两种学习方式是相互影响、相互作用的。这就表明，在学习英语的过程中不仅要坚持采用协作学习的学习方式，而且不能忽视个体学习的重要性。这是因为个体对信息化教学资源自主学习、利用的探究意识，有助于协作学习效益的最大化，所以要坚持个体学习与协作学习的有机统一。总之，个体学习方式可以扩大自己知识的广度与深度；协作学习方式则可以实现信息化教学资源的整合、共享，并在

---

① 冯霞. 信息化背景下大学英语教学资源优化应用策略研究 [J]. 辽宁教育行政学院学报，2013.

相互沟通中"取其精华，去其糟粕"，提升学习效率，实现共同进步的目标。

（3）发挥信息技术的优势。信息技术是信息化教育的载体，因此必须充分发挥信息技术的优势，展现出信息化教学资源的便捷性、多元性及交互性。

对比于传统教学中的纸质资源，现代信息化环境下的教学资源更多的是依赖于信息技术的教学资源。但是这并不意味着要完全取代纸质资源，而是当前的信息化英语教学过程更注重根据不同的教学目标、教学对象等选择不同形式的教学资源。我们不能在信息化时代的脚步下，一味地去追求资源的现代化，而是要根据教学的实际情况，把各种相关的教学资源进行整合，以达到教学资源的最大利用，最终能够达到最大的教学效果。为此，应该扩大教学资源的输入量，扩大教学资源获取的途径，把教学资源与课程教学进行整合，根据不同的教学任务选择不同的教学资源，把传统的纸质教学资源、现代的电子教学资源以及网络资源等综合应用，形成一个动态、开放和发展的信息化教学资源体系。

信息技术在当前不仅仅是作为教学内容的展示工具，更应该成为师生获取教学资源的便捷途径，这是因为信息化教学最为突出的特点之一便是其资源利用的便捷性。如今的信息化教学中，信息的流转和传播速度本就很迅速，互联网的发展更是为此提供了条件。我们应该抓住信息化教学资源便捷性的特点，使学习变得更为顺畅。

（4）加强信息化教学资源的共享。信息化教育区别于传统教育有多方面的因素，而其中最突出的特征之一便是能够实现教学资源的共享。教学资源的共享与整合，既满足学习者的学习需求，也是实现教学资源共享、提高教学质量的条件。信息化环境下的英语教学发展到如今，最先依靠的必定是信息技术的日益发达。各种信息化教学平台如雨后春笋般出现，这就带动了互联网下产生的各种信息化平台，如数字图书馆、文献资料网、校园网站等，这些平台更加便于各种学习资源在其中的流转和共享，也就方便了教师和学生在教学资源的使用中共享这些资源。教学资源的共享有利于教师和学生获取更多的知识，扩大师生的视野，加深对教学资源的利用深度和广度。同时也便利了师生之间的相互交流与沟通，有助于建立和谐的师生关系。因此，加强信息化教学资源的共享对于信息化环境下的英语教学具有巨大的促进作用。

（5）建立有效的教学资源保障机制。除了上述举措之外，建立有效的教学资源保障机制也是必不可少的，机制的完善必定是举措完善的一大亮点，对于教学资源保障机制的建立，应该从以下几个方面着手：

①要注重英语信息化资源的收集。通过各种渠道搜集不同的信息化教学资源，建立合适的教育资源网站，在资源网站的建设过程中，要调动学习者参与的积极性，以便能够提供各种适合学习者需求的资料，也就是说，在资源网站的建立中，应以满足教学需求为资源库建设的前提。

②邀请英语专家进行教学资源的开发和创建。把英语领域的专家组织起来建立出优质的英语教学资源,可以让校内外的各种优质资源进行整合,建立起资源丰富、高效实用的教学资源服务中心,以便为教学服务。

③建立健全英语教学资源审核和认证制度。信息化教学资源建立之后,就涉及教学资源的审核和认证,教师要积极参与现代化信息化教学资源的建设,提高自己的信息技术水平和英语专业水平,才能更好地参与英语教学资源的审核和认证。教育资源的审核和认证主要从信息资源的内容和来源上辨认。

④注重教学资源的整体设计,在对教学资源进行组织和管理上,要建立相应的保障机制,以保证教学资源系统的有效运行。当然,也要注重教学资源服务体系的建立,能够对教学资源的利用进行指导和支持,确保了教学资源系统的有效构建和共享。

(6) 构建英语教学生态化发展模式。遵循语言教学规律,是构建英语教学生态化发展模式的必要选择。信息化环境下的英语教学过程有着诸多的影响因素,如教学方法、教学模式、教学环境、教学技术、师生关系等,它们之间相互影响,相互制约,相互依存,不可或缺,推动了英语教学的发展,因此,必须处理好上述各种要素之间的关系。规律是客观存在的,要在遵循语言教学规律的前提下,合理运用各大英语教学理论的优点,从生态学的视角建构生态化的英语教学模式。开发教学新思路,构建开放、动态、和谐、可持续发展的英语教学新模式。

三、信息化环境下英语教学资源的开发

信息化教学资源是信息化教育的产物,它是推进教学改革的基本前提,是建立新的教学模式的必要条件,在信息化教育中占有重要地位。有效利用信息化教学资源必须是所有教师基本能力和所有教师信息素养的集中体现。随着信息技术与课堂教学的融合,信息化教学资源已成为优化教学的重要基础。因此,需要在信息环境下开发英语教学资源,不仅可以提高教学效率和质量,而且可以优化英语教学,促进师生共同发展。

由于英语教学是一种语言的学习,它具有其本身的独特性。当前,信息化环境下的英语教学资源成为英语课程资源的主要形式之一。因此,对于信息化环境下的英语教学资源不仅要有效地利用它,更要对信息化环境下的英语教学资源不断进行开发补充。建设高质量信息化环境下的英语教学资源可以扩充英语的学科教学资源,这对于英语教学质量的提升和英语信息化教育的实现具有重要意义。

(一) 信息化环境下英语教学资源的开发原则

通过前面对信息化教学资源的相关介绍,根据信息化教学资源的特点,总结出在信息化环境下英语教学资源的开发过程中应遵循的原则,具体分析如下:

1. 实用性原则

实用性原则是信息化环境下英语教学资源开发的基本原则之一，一切教育教学都应该在实用性基础上展开。在信息化环境下英语教学资源的开发过程中，要关注信息化环境下的英语教学资源的实用性，且对学生和老师来说要有用才能体现出其实用性原则。这是信息化环境下英语教学资源开发的主要原则。信息化环境下英语教学资源的开发在网页界面来看，要简洁明了、操作简单灵活，便于多数人使用；在内容上则要注重知识的丰富性，符合英语教学大纲，符合语言教学特点的设置；在展现方式上，则要创设出利于学习者学习的情境，提高学生对英语的掌握能力，提升英语内容的表现力和感染力。

2. 教育性原则

教育性原则是指信息化环境下英语教学资源的开发要突出教育的特征。具体表现在以下几个方面：

（1）对于英语教学案例的设置要合理，要表现出相应的知识特点。

（2）教学内容的设计上要突出重点、难点，把学生的一些"老大难"问题放在突出显眼的位置反复演示。

（3）教学策略要有助于教师教学的顺利进行，要有助于提高学生学习的积极性和主动性，更要有利于教学资源的共享，让学习者能够进行探究、协作学习。

（4）信息化环境下英语教学资源的开发要有助于激发学生的学习兴趣，引导学生进行探究、讨论，培养学生的创新精神。

3. 校本性原则

校本性原则是指信息化环境下英语教学资源的开发要尽量贴合自己学校的实际情况，体现出本校的教学特色，而不是盲目地跟随其他学校的开发现状。这是信息化环境下英语教学资源开发的基本原则之一。信息化环境下英语教学资源的开发要适合本校教师与学生的需求情况，尊重教师在实践中形成的教学经验，包括对教学方案的设计、对教学课件的应用以及各类试题库、资源网站的建设等。最后，要充分发挥教师在信息化环境下英语教学资源开发中的重要作用，因为教师是英语教学资源的主要创造者。

4. 科学性原则

科学性原则是指信息化环境下英语教学资源的开发要遵循语言学习规律，符合英语学科教学规律。在应用信息技术进行情境创设时要真实可靠，英语的相关学术名词等运用要准确，英语的语音录入内容要发音标准，相关的操作示范要符合英语的表达要求。科学性原则是信息化环境下英语教学资源开发到一定程度需要遵循的基本原则，科学性原则让信息化环境下的英语教学资源得到充分应用的同时，更能为英语教学资源开发进行正确性保驾护航。因此,科学性原则也是信息化环境下英语教学成功的关键。

(二) 信息化环境下英语教学资源的开发态势

1. 信息化环境下英语教学资源开发动态化

信息化环境下英语教学资源开发有别于传统教学资源开发的最大区别在于其发展化和动态化。时代是发展变化的,现在已然来到了信息技术极速发展的时代,在这样一个大环境下,原本已经开发出来的素材、课件、网络课程、教学案例等所构成的静态资源库越来越不能满足当前的教学需要。要使得资源适应当前的现代化英语教学,我们就必定对信息化环境下英语教学资源进行开发创新,让以前有限的、固化的英语教学资源信息随着社会进步不断推进,产生新的教学观念和方式。

静态教学资源是以演示的方式呈现给学生的,只能让学生接受视听感官上的感觉,而不能让学生进行很好的模拟仿真训练,无法让学生主动参与到信息化教学活动中;动态化教学资源的开发是随着教育改革的脚步而不断发展变化的,它符合发展变化的规律,可以让学习者接受最新的英语知识。同时,随着信息化环境下英语教学资源的不断丰富和更新,学习者可以拥有更多的信息资源来源,这可以增加英语教学活动的吸引力和扩大教学效果影响。

因此,对于信息化环境下英语教学资源的开发应该注重其动态性和发展性,建设出具有生命力的英语教学资源管理系统,让师生在英语教学活动中可以获得最好的信息资源支撑。同时,让每一个英语教学活动中的成员积极参与信息化环境下英语教学资源的建设,把信息化教学资源的开发融入到师生的教学活动中。信息化环境下英语教学资源开发的动态化还应注重英语教学资源的不断更新,积极搜集各种相关的信息化教学资源,并在原有资源的基础上进行不断创新,衍生出新的英语教学资源。同时鼓励师生之间相互思考、相互讨论和相互交流,培养其发现问题和解决问题的能力,构建出一个开放的、发展的和动态的英语教学资源系统。

2. 信息化环境下英语教学资源开发协作化

信息化环境下英语教学资源的开发由于其本身的专业性特点,设计和开发是一个复杂的和综合的过程,因此,信息化教学资源的开发不是某一个人可以独立完成的,而是由各个相关方面人员的共同努力,协作完成的。① 这里的各个相关方面人员主要是指教师之间、英语专业教师与信息技术人员之间的合作,当然更不能少的是学生的参与。教师懂得如何教学而对信息技术方面有所欠缺,信息技术人员突出在信息技术方面的作用而对教学是弱项,学生的参与使教学资源更趋个性化和趣味性,所以各个方面的通力合作避免了信息化

---

① 余武. 信息化教学资源的开发和建设 [J]. 中国电化教育, 2001 (07): 15-17.

教学资源与信息化教学资源设计中的技术断层。加强各方人员沟通，便于各方协作努力，让信息技术和教学活动更好地融合在一起，不断对现有的信息化教学资源进行改造和创新，才能够建设出资源丰富、专业性强的英语教学资源网站，建设出真正适合学习者需求的信息化教学资源系统，开发出"一纲多本"的模式。

3. 信息化环境下英语教学资源开发集成化

在信息化环境下，英语教学资源开发过程实现教学资源的集成化，可以提高英语教学资源的使用效率。从以前的英语教学资源开发建设中不难发现，过去的信息化教学资源建设都是十分分散的，没有形成集成化。伴随着教育行业的逐步改革，随着信息化教学的提出，各个学校均开始实行信息化教学，针对各个高校英语教学资源的分散性做出调整，让各个高校不再是只关注到自身学校的信息化资源建设，而是注重信息化资源建设在各个学校的建设和共享，尽量使资源建设规范，使英语教学资源的开发质量过硬、利用效率更高。

因此，在英语教学资源开发过程中，我们应该注重信息化教学资源的集成化建设，把全国各地的优质信息化教学资源集中在一起，把全国优秀教师的教学经验、优秀的教学设备集中在一起；同时根据全国信息化环境下的英语教学大背景，把校外教学环境和校内教学环境相结合，实现从分散到集成的过程，这样有利于提高师生获取信息化教学资源的速度，满足教学活动中的个性化需求，提高教师教学活动的针对性。信息化环境下英语教学资源开发过程中的集成化能够把各种教学资源与课程内容进行整合，建立精品化和集成化的信息化教学资源平台，这便利了学习者对英语教学资源的获取，能够及时方便地找到自己需要的资料，提升了学习效率。

(三) 信息化环境下英语教学资源的开发策略

对于信息化环境下英语教学资源的开发可以总结出以下几个方面的策略：

1. 从学生的学习需求出发

学生作为学习活动的主体，在学习中应占据主要地位，因此信息化环境下英语教学资源的开发也应该以学生的主体地位为中心，首先把注意力关注在学生的学习需求上。教学的最终目的本就是为了让学习者学到知识，所以英语教学资源开发的最终目的都是为学习者服务的。因此，在英语教学资源的开发过程中，应该注重学习者对信息化教学资源的需求，以学习者为服务对象，以问题的分析和解决为出发点来确定教学目标。这是相对于传统英语教学来说最大的不同，在信息化教学资源的设计与开发上应该更要注重的是学生的个性化特征，以学生为教学活动中心，注重英语教学的情境设计，注重信息化环境下英语教学资源的协调，并能够让学习者在信息化教学资源的应用上进行互动、协作、交流，增加英语文化素养。

2. 推进信息化教学资源系统建设

（1）整理现有的信息化英语教学资源。推进信息化教学资源系统建设的第一步就是整理现有的信息化环境下的英语教学资源。当前各个学校都一定程度地拥有了自己的信息化英语教学资源系统，其中一些优秀学校还基于学校教学特色自主研发出特色精品课程（见附录1），积累了很多优秀教师的教案、课件以及相关的图片音像资料等，这么多的资源都可以进行借鉴，并经过信息化的处理之后，可以放在不同的资源库中进行应用。

（2）利用互联网搜集英语教学资源。在信息化英语教学资源开发的初期，首先要进行资源的搜集，可以利用互联网查询和搜索已有的信息化教学资源，了解当前英语教学资源系统的开发现状，为后期信息化英语教学资源系统的开发做准备，既可以储备必要的教学资源，又可以为后期教学资源的开发指明方向，减少不必要的劳动。

（3）师生共同开发信息化教学资源。师生可以从以下三个方面入手来加强对信息化教学资源系统的建设：

①教师对学生学习指导和评估的过程，包括视频、动画、图片和文字材料等。

②展示学生作业和试卷等资源。老师扫描学生的作业和试卷，然后将其发布到网络上，以便其他学生观察和学习。

③师生交流资源，主要是师生之间使用QQ和微信等最新的实时互动工具或通过屏幕截图、屏幕录像等方式进行电子参考的相互讨论过程，以便于其他老师和学生参考。

（四）建立英语教学资源应用评价体系

对信息化环境下的英语教学资源进行开发之后，教师不仅要关注自己教学策略的调整和变化，更要关注学生新的信息化教学资源的使用：学生是否能够根据当前的信息化教学资源系统掌握相关的知识，新的教学资源是否适应每一个学习者的需要，让学生的学习得到了进一步提升，并最终促进学习者的长足发展。因此，建立信息化环境下英语教学资源的评价体系是英语教学资源体系成功建立的保证。教育工作者要转变教育理念，以现代的教学观念为准则，逐渐由传统的应试教育转向现代的素质教育，由单一的终结性评价逐步转向为以形成性评价为主、终结性评价为辅的评价体系，这也是信息化环境下英语教学资源应用和教学策略选择正确与否的判断依据。只有建立了合理的评价体系，才能够对信息化教学资源的有效性做出正确判断。

四、加大信息化环境下英语教学资源的开发

信息化环境下英语教学资源的开发一定要和教学实践相结合，这是英语教学资源开发的基础和必要途径。信息化环境下英语教学资源的开发同样伴随着信息技术的发展而改变，目前高校课堂主要采取的信息化教学设施及资源有图书馆的数字文献资料、网络课程

在线指导资源环节、配备电脑的语言实验室、教学光盘、多媒体课件及相应辅助软件等，这些资源也会随着信息技术的发展变得越来越丰富。教师在利用教学资源的同时展示了教学资源呈现方式的多样性，音频视频、动画等在课堂上经常出现的教学方式都是教学资源的一个方面。教师设计教学活动并倡导学生在学习过程中多加利用互联网，选择了使用学科专用软件来促进学生学习，可见高校教学资源和设施配备较为齐全，实现了多样化和现代化，极大地丰富了教学手段，并在很大程度上提高了教学效率，现阶段绝大部分学生对于借助多媒体课件案例等资源、多媒体教室、配备电脑的实验室开展的信息教学持满意态度。

当今的教学资源正在不断发展，但还不完善，缺乏优质的教学资源，例如，ESP课程教学资源。特别是在高校信息化英语教学的课堂实践中，不可避免地会出现一些问题。因此，有必要增加信息环境下英语教学中的资源。这样，可以在实施过程中充分利用这些资源。在信息化环境中促进课堂教学改革和创新时，有必要建立高质量的教育资源并扩大其范围。此外，高校需要在教学评估的标准化和制度化方面建立新的系统。建议使用在线问答、师生网络互动、在线学生作业评估、学习和讨论论坛等。同时，可以增加对信息化多媒体教学的灵活使用度，并为师生提供了更多的机会，多渠道进行信息化教学，例如，图书馆文献数据库、语言实验室、多媒体网络学习中心、在线英语课堂教育和其他丰富的信息资源。

我们应在客观信息化教学意识和定位标准的基础上，设计出优质的信息化英语教学模式，以促进教学的实施，再结合教学实践进一步推进教学资源的开发，以此全面发挥信息化技术教学的优势，为教学服务。

在推进教学资源的开发方面，我们还应该利用更多的网络信息化的优势，把教学情境和多种教学手段综合，以此来提高具体背景下学生的学习能力。网络资源为师生提供了非常丰富的可供教学的信息，这在很大程度上扩大了师生的视野和知识面。根据教学要求，我们在创设英语学习模拟情境时，应该结合学生密切关注点以及他们在日常生活或学习中所涉及的相关方面，有针对性地设计出学生既感兴趣又能达到教学成效的课件，课堂信息应从师生交流扩展到多角度、多元化的互动模式并结合语言与生活实际，提供多种形式的训练方法活化教材，让学生在情境中结合知识点灵活运用所学进行实际操练。

信息化教学资源开发的手段是多种多样的，创设英语情境就是有效手段的一种。创设英语情境重在培养学生的英语交际表达能力，也可以在话题人物和反馈训练这样的过程中，通过学生表达能力的反复训练来激发学生的学习能动性，在学习过程中更加投入。

第三章 信息化环境下的英语课堂教学改革

信息化是当今社会发展的一大趋势,特别是基于计算机和网络的信息技术对我们的现代教育产生了巨大的影响。信息技术已成为教育教学改革的重要推动力量。面对这种新的信息化环境,教育部自2001年起实施了"基础教育课程改革",自新课改实施以来,学校高度重视在教学中应用信息技术。

第一节 英语课堂教学概述

一、课堂教学概述

在对"课堂教学"的概念进行界定前,我们有必要先对"教学"的定义进行理解,同时还要对"课堂"的定义进行理解。

对"教学"的理解:在教育学理论体系中,"教学"这一概念在其中占据重要地位,"教学"概念可以从两方面进行定义:其一,教学是指教师"教"与学生"学"的统一;其二,可以把"教学"看作是一种行为,即教师的教。实际上,从广义概念看,"教学"就是指教师的教和学生的学。

对"课堂"的理解:"课堂"对教师来说既熟悉又陌生,而"熟悉"则是因为"课堂"是教师教书育人的重要场所,"陌生"是因为教师对"课堂"理论缺乏深入研究。

这里所提出的课堂教学是指师生在"课堂"这一场景中的互动活动,具备空间性的特点。在课堂教学中,教师精心设计教学目标、任务和流程,引导学生合作探索学习,尊重学生个体差异,共享学习资料和资源,让学生以"倾听""对话"的方式学习知识。另外,本研究的课堂教学还具有时间性,包括课前师生为教学做多维度的准备(教学前)、课上师生与学生之间的交流与互动(教学中)以及课后的反思与总结(教学后)。

二、影响英语课堂教学的因素

(一)情感因素

在英语教学中情感因素属于非认知因素,在学生的学习动力范畴之内是确实存在的,积极健康的情绪能够强化学习者的智力活动，使其思想活动深入迅捷，并能够加强学习者的记忆力，从而提高学生的学习能力。而学生的智力活动如果受到负面情绪的影响，就会降低学习效率。教师在教学中如果不投入情感表达，那么教师在课堂上的语言将空洞无力。如果教师在课堂上的语言投入了情感，就能够碰触学生的精神世界，情感虽然与认知不同，但却具有一定的认知功能，可以将认知活动的功能提高，从而提高学生的认知效率。

1. 可提高学生的学习兴趣

兴趣是学生学习中最好的老师，不仅可以激发学生的潜能，而且可以增强学生的学习动力，提高教师的教学质量。因此，在教学过程中，教师应以培养学习兴趣为目的进行教学。首先，应选取新颖有效的学习材料，材料应与教学目标一致，并贴近当下社会生活，这才可以引起学生共鸣。其次，应丰富教学模式，在课堂教学中教师应以学生为中心，利用小组讨论等方法提升学生学习兴趣。再次，老师应让学生有足够多的机会表达自己的感情和思想，让学生在轻松自由的课堂氛围内用英语来交流，这样可以减轻学生的心理负担，从而提高学生的学习兴趣。

英语歌曲也同样能够提高学生的学习兴趣，现在的学生在业余时间经常听一些流行歌曲，来减轻自己的精神压力。教师在英语教学上就应该利用这一点来达到教学目的，让学生把学习和生活相结合，在放松状态下学习英语，转被动为主动。当然，在选择音乐的时候也要注意选择适合学生的歌曲，让学生易于接受，不然会出现适得其反的效果。教师也可以进行一些趣味活动来吸引学生的兴趣，比如课前的小游戏来唤醒学生的精神，也可以利用歌曲进行歌词朗诵、接龙游戏等。一首优美的歌词能够给学生带来不一样的意境，独特的意象富有诗意，而且朗诵歌词能够提高学生的朗诵能力。老师可以在学生朗诵的同时让学生评析歌词，提升学生的审美观。总之，在教学过程中教师也要做到因材施教，这样不但提高了教学效率、学生学习能力，还能培养学生的全面发展。

2. 可激发学生的学习动机

首先，教师引导学生设定学习目标，学生通过清晰的课程安排来计划学习。学生清楚地了解他们想要学习的内容，这将充分激励学生学习的积极性。其次，教师需要给学生安排课后作业，难度要适中，学生才能获得成功的体验；同时，教师可以根据学生的作业完成情况进行反馈，让学生清楚地知道自己学习的不足方面和所取得的进步。

3. 可培养学生良好的学习习惯

首先可以让学生多读多写，学生通过大量的阅读，不仅可以练习自己的口语，也可以拓展自己的知识面。教师指引学生在固定的时间阅读难度适中的英语或新闻来培养阅读习惯。学生想要扎实掌握所学知识，写作是非常有用的方法。让学生坚持将感兴趣的内容写出文章，可以提高学生的语言输出能力。其次应让学生养成自学的习惯，在课后没有老师的情况下多利用学习资料来自主学习。再次让学生坚持养成课前预习、课后复习的良好习惯，来巩固已学过的内容。

(二) 师生互动

师生互动活动对于丰富英语课堂教学有着重要的作用，其符合新课标教学目标的要求，也顺应了多元化发展英语教学的趋势。具体表现在以下三个方面：

第一，师生互动活动能够帮助教师更好地把握教学进度。教师能够通过师生互动活动来了解学生的掌握情况，能够挑选出教学重点和难点，利于课堂教学效果的提升。

第二，师生互动活动能够增加学生的体验，引导学生思考。学生在英语课堂中常会出现精神不集中等情况，通过师生互动活动，能够让学生参与到知识运用和练习中，进而对自己做出评价，当发现不懂或掌握不到位的情况，学生会自发进行思考，查漏补缺，自主探究进行学习。

第三，师生互动能够活跃课堂气氛。这不仅可以让学生在轻松的氛围中学习，而且能让教师与学生进行良好沟通，从而拉近距离，让学生喜爱上英语课，喜欢学习英语。

1. 加强学生互动效率

集体学习是提高课堂互动能力最有效、最实用的方式，教师应该抓住这个机会，将交互式共同培训纳入课程中，并且将其合理运用到课堂教学中。英语课程最终仍然属于语言学科范围，因此教师可以参与到学生的学习中，真正了解学生的学习过程和英语教学相关概念，从而促进学生和教师之间的合作和共同进步。

2. 多媒体教学推动师生课堂互动

借助多媒体等先进的教学手段，不仅可以提高教学效率，完善教学方式，而且有助于提高学生学习英语的积极性和热情，加强师生互动的频率，还可以给英语课堂教学增添很好的学习气氛。另外，因为更多的学校崇尚快乐教育，学生也喜欢在玩中学，如参加有趣味性的活动，所以教师也可以把学习和游戏结合起来，使学生逐渐成为学习的主体，从而达到提高英语学习效率的目的。

3. 创造愉悦的课堂学习氛围

受传统教育思想影响，教师讲课期间始终以严肃的形象出现在学生面前，导致英语课堂教学枯燥乏味，无法带动学生学习英语的积极性和热情。当教师将专业知识与游戏教学进行有效融合时，不仅可以激发学生参与课堂互动的积极性，而且还能够渲染课堂学习氛围。

三、现代信息技术在英语课堂教学中的作用

(一) 信息技术的应用使得英语课堂教学形象化、直观化

信息化环境下的英语课堂教学是以现代信息化技术为基础的,通过视频、声音、文字、图像等形式来展现课堂教学的内容,以达到吸引学生注意力、提高学生学习兴趣,从而完成英语教学任务,实现英语教学目标的目的。因此,信息化技术在英语课堂教学中的应用,特别是多媒体技术的应用使得英语课堂教学变得形象化、直观化,它将抽象的英语知识点变得形象化、直观化,并突出了英语课堂教学的重点、难点和疑点,把困难的东西,如语法知识通过情境对话变得简单直白。特别是英语课堂教学中的情境创设,让学生能够身临其境地感受到相关英语知识的表达,这使得学生的英语学习变得更为轻松,减轻了学生的学习负担,降低了学生对英语的畏难情绪,让他们在英语学习中理解得更为透彻、深刻,从而激发了学生学习英语的热情。

(二) 信息技术的应用有助于创造良好的英语交际环境

英语作为一门语言课程,对其教学的最大成功就是使学生能够用英语进行人际交流,能够用英语与外国友人交谈,能够通过英语的学习阅读英文国家的文字,了解他们的文化,学习他们的先进科技,这也是我们学习英语的初衷。所以,在信息化环境下的英语教学中最重要的目的之一就是要培养学生的英语交际能力,使学生的听、说、读、写、译技能全面发展。现代信息技术的应用恰恰为学生的全面协调发展创造了条件,信息技术的工具性和交互性使教学资料和技能更好地结合,并通过图片、音频、录像等进行多种感官的刺激,让学生的英语学习兴趣得以提高。同时,在教师的指导下,学生根据相关英语教材进行模拟交际练习,这一方式有助于培养学生的英语表达思维,养成良好的英语表达习惯,提高学生的英语交际能力。总之,信息技术在英语课堂教学中的应用,有利于学生良好交际能力的发展,变"哑巴英语"为"交流英语"。

(三) 信息技术的应用有助于英语教学的个性化

传统的英语课堂教学是以教师为中心的,它在一定程度上忽视了学生的自主发展,忽视了学生的个性化特征。在传统英语课堂上,由于班级规模过于庞大,教师教学、学生跟学成为了英语教学的基本模式,相同的教学内容,相同的英语训练,缺乏了对学生个体的关注,教师没有精力和时间去了解每一个学生的学习情况,因而对于学生的想法、特长、爱好等都不了解,教师只按照自己的教学进度、教学大纲进行英语课堂教学,缺乏对学生个体学习需求的关注,所以,传统的英语课堂教学是不适合现代教育发展的,也不符合建构主义学习理论的中心思想——以学生为学习的中心,更不利于信息化环境下的英语课堂教学目标的实现。现代信息技术在英语教学课堂中的应用,可以营造出个性化的教学环

境，让每一个学生都有机会展现出自己的特长，找到自己的不足。在信息化环境下的英语课堂教学的过程中，学生可以主动与教师进行交流沟通，遇到问题及时解决，在与教师的英语对话中锻炼自己的口语能力，这为学生的英语表达能力、英语思维方式的形成提供了便利条件，同时也有利于充分挖掘学生的学习潜能，为学生以后的英语学习打下坚实的基础。

第二节 信息化环境下的英语课堂教学设计

当前，我国对英语专业创新型人才的需求越来越大，对英语专业人才的培养也提出了新的要求。面对教育领域改革对英语的冲击，英语的信息化课堂教学已成为了英语课堂教学的必然趋势和新出路。英语教育工作者应该紧随时代发展的需要，面对信息化环境下的英语课堂教学带来的机遇与挑战，积极应对，采取信息化的教学手段进行英语课堂的教学活动。当然，英语教育工作者也应该在信息化教学的环境下，对英语的教学改革进行积极的探索和研究，以促进英语课堂教学在信息化环境下进行。在英语教学活动中，应用信息化技术进行课堂教学，已成为了英语课堂教学的一种新方式，也是一种时尚。不可否认的是，信息化技术在英语课堂教学中确实起了很大的作用，信息化技术不仅是教学的辅助工具，更是教学的演示手段，也成为了教学中的补充材料。然而，我们还是应该以学生为主体，坚持教师在信息化环境下的英语课堂教学中的作用和地位，在以信息化技术为媒介，各种信息化设施设备为载体的基础上，设计出优秀的信息化环境下的英语课堂教学内容，掌握信息化环境下的英语课堂教学的过程设计，以期在信息化环境下构建出新型的英语教学方法。

一、信息化环境下的英语课堂教学设计的内涵

信息化环境下英语教学设计的内涵是基于成果导向教育理念下的教学设计，即"以学生为中心""为专业服务"的理念设置大学英语课程。首先是坚持正确的育人方向，坚守立德树人根本。其次是要适应当前教育教学改革的大趋势。在 OBE 范式下，对学生毕业时应达到的能力及其水平有清晰的构想是课程设计最重要的前提条件。其一，基于 OBE 理念，打造信息化教学环境。主要表现为：一是设计。在设计信息化教学环境的过程中，要密切关注教师、学生、教学媒体、教学内容这四个要素的地位与作用。二是资源。信息化教学资源通常有四种类型，即多媒体素材类、多媒体课件类、网络课程类和信息化学习工具类。三是课型。信息化教学环境设计课内和课外（课前、课后）两个教学阶段。四是效果。即实现信息技术与课程的融合与促进教育教学多方面的变革。其二，基于 OBE 理

念，打造新的教学模式。主要体现为：一是课前、课中、课后常形成完整闭环；二是教师主导地位更突出；三是反馈与评估成为各环节的有机组成部分；四是知识内化的过程不局限于课堂，而是在时间维度向课前、课后延展，在空间维度由课堂向课外延展，在人际维度由个人向小组延展。

信息化环境下的英语课堂教学设计是指教师根据自身英语课堂教学的需要，将现代化的教育理论和信息化技术手段融合到信息化环境下的英语课堂教学中，通过对信息化环境下的英语课堂教学中教与学的过程及相关教学环节的设计，以实现信息化环境下的英语课堂教学的优化，促进信息化环境下的英语课堂教学的顺利进行。①

在当今的英语教学中，明确提出应以学生为中心，以"教、学、做"为教学理念，注重培养学生的英语语言实际应用能力，特别是学生的交际能力。各个高校应该积极引进先进的教学理念，运用现代化的信息技术教学手段，构建适合学生需求和个性化发展的新的教学模式，使得学生积极开展自主学习、探究学习，借助虚拟现实技术构建仿真的英语交际场景，以培养学生真正的交际应用能力。② 上述的论断说明，在现下的信息化教学环境下进行英语课堂教学的设计时，有必要遵循以下几方面的原则。

（一）注重学生英语交际能力的培养

目前，教师在培养学生英语交际能力的过程中，主要是应用信息化技术创造出真实的仿真交流场景，或是让学生在英语课堂教学中多设计出学生与教师的对话场景训练。在这种训练当中要尽量以学生为中心，鼓励学生进行大胆的英语对话交流，鼓励学生自主学习，主动进行英语探索，从而让学生的英语学习由被动变为主动。这是信息化环境下的英语课堂教学设计的首要原则。

（二）构建出新的教学和学习模式

在信息化环境下的英语课堂教学设计中，要注重学生在英语课堂教学中对英语知识的掌握。教师要创建出新的教学模式，学生也要更新自己的学习模式，以适应不断变化发展的英语课堂教与学。英语知识体系的构建是英语学习最本质的要求，因此，教师要根据学生对英语知识的掌握情况不断更新自己的教学模式，学生也可以根据自己的学习需要变更学习模式。这是信息化环境下的英语课堂教学设计的重要原则。

（三）教学手段的多样化

以信息化技术为英语课堂教学的手段，以多样化的信息化教学资源支持学生的学习是信息化环境下的英语课堂教学设计的必需原则。教学手段的多样化有利于教师因材施教，

---

① 罗冬梅. 高校信息化建设的现状及对策 [J]. 教育与职业，2007（27）：159-161.
② 教育部高等教育司. 高校教育英语课程教学基本要求（试行）[M]. 北京：高等教育出版社，2006.

满足不同阶段的学生需要汲取知识的不同形式。教学手段的多样化有利于教师对信息化环境下课堂教学中丰富教学资源的利用，使其达到最优化效果。

总之，信息化环境下的英语课堂教学的设计原则要以服务于英语教学为目标，以培养学生的自主学习能力和英语语言的实际应用能力为最终目的。

二、信息化环境下的英语课堂教学过程设计

把信息化技术应用于英语教学实践活动中，其最终目的仍是服务于教师的教和学生的学，达到促进学生英语能力提升的要求。目前，我们面对日益纷繁复杂的英语教学信息，面对信息技术手段的过剩和泛滥，要擦亮眼睛，选取适用的英语信息，不能盲目地利用或依赖于某种信息技术。根据信息化环境下的英语课堂教学的需要，进行合理的、实用的课堂教学过程设计，让信息化技术和英语课堂教学得以整合优化，最大限度地让信息化技术服务于师生的英语课堂教学。

（一）课前获取知识

对于课前知识的获取主要是通过学生自主进行资料的收集整理及教师制作的微视频、微课件等方式获取的，学生学习方式则主要是自主学习和小组协作学习。教师在学生已掌握部分课堂知识的前提下，给学生布置相关的课堂任务，并要求学生制作成PPT或写成小组报告的形式，在上课之前把学习结果呈现给全班学生，并组织学生进行相关知识点的讨论。

1. 制作出有针对性的微课

英语教师在每一节英语课堂教学结束之后，都应该让学生在空闲的时间对下一次的英语课堂教学进行预习，并就相关的话题提出相应的任务，让学生进行自主学习。教师在此之前要制作出有针对性的、简单明了的微课视频，并发布到相关的英语教学平台上，以便让学生获取相关的知识内容。微课视频的制作既是信息化环境下英语教学的具体体现，也是对信息化教学的一种认同。微课的应用既能让教师充分利用现代化的教育技术和丰富的信息化教学资源，构建出一个轻松愉快的学习环境和氛围，使学生热情地投入到英语学习中，又能让学生积极开展自主学习，真正成为英语学习的主体，从被动的信息接受者转变为信息的主动构建者。

2. 个性化的自主学习

信息化背景下的移动式学习方式使得学生在英语学习方式上实现了时间上和空间上的跨越，运用移动学习设备进行数字化学习已成为了个性化自主学习的主流。学生根据教师布置的英语主题，利用网络化多媒体技术和各种APP软件（如爱课堂、智慧树、超星APP、雨课堂、课堂派，云班课等），依托网络化平台进行移动式的自主学习。在学生进

行自主学习的过程中，如果遇到不懂的问题，可以通过网络化英语学习平台及时向同学或老师请教，及时获得解答。当然对于一些重要的知识点也可以通过网络平台进行共享，扩大自己的视野。教师也可以通过英语教学平台，对学生的学习情况及时掌握，对学生的问题及时给予反馈，这样就加深了教师和学生之间、学生与学生之间的沟通和交流，有力地促进了学生对英语知识的掌握。

目前，以教师为中心的传统英语课堂教学在移动自主式学习方式的广泛应用下被彻底改变了，不仅有效改善了传统英语课堂的缺陷，而且让学生真正成为了学习的主人，即在教学过程中面对英语水平不同层次的学生，可以采取个性化的学习：英语学习基础较差的学生可以根据自己的情况反复观看微课视频，从而帮助自己掌握英语知识；而对于部分英语较好的学生而言，可以选择其他方式进行学习，从而有更多时间拓展英语技能，提升英语实际应用能力。移动自主学习模式的特点主要有以下几方面：一是利用网络平台相互学习；二是利用微课进行自学；三是教师通过网络平台导学，并辅以信息化软件教学。在这一学习模式的有效利用下，不仅可以激发学生的学习兴趣，提高学生学习英语的主动性和积极性，使学生养成对自己工作的责任感，而且还可以培养学生发现、分析问题并解决问题的能力。

（二）课中内化知识

1. 展示学生的作品，探讨相关的问题

把学生课前所完成的任务作品在课堂上进行展示，检查学生课前获取英语知识的情况，针对个别化的问题进行单独的一对一辅导，针对学生普遍存在的问题，总结提炼成为课堂讨论的问题。

2. 内化学生的知识，帮助他们提高英语能力

知识是人类在实践活动的经验上总结和归纳出来的，英语知识作为英语教学活动中的客体，能否转换为学生内在的能力，关键在于是否进行素质化教育。素质化教育就是要把学生先天的潜能开发出来，把后天的学习内化为能力。一个学生能力的提高是一个长期的、漫长的过程，需要长期的摸索和训练。教师应借助信息化网络技术设计人机互动的英语课堂教学，把着力点放在启发学生的思维、鼓励学生进行自主学习上，让学生充分发挥自己的主观能动性，对英语学习进行积极的探索，与同伴之间建立协作式合作学习，取长补短，增强自己的英语学习能力。当然，学生英语知识的内化是需要学生自己进行独立思考的，学生只有把自己学习到的英语知识进行融会贯通，从实际操作中去领悟，才会实现英语学习的创新，只有不断地创新，才能把更多的英语知识内化为自己的能力。因而，学生在学习英语的过程中，要注重在英语的实际操作练习中完成英语知识的内化。

3. 课堂小结，布置相关的任务

在一堂英语课的教学内容讲授完之后，教师要进行相关的总结，以帮助学生对本堂课学习的英语知识进行梳理，搞清英语知识的体系和结构，掌握相关知识的内在联系，把所有的英语知识进行"串联"，形成条理分明、思路清晰、重难点突出的英语知识系统，准确把握本堂英语课堂教学的本质。教师在进行知识小结后，可以给学生布置相关的任务，以便让学生对本堂的英语知识进行强化训练，让学生能够更好地掌握所学的内容，增加学生的知识量储备，为英语实际应用能力的提升打下基础。

（三）课后拓展知识

在英语课堂教学结束之后，教师可以把经典的教学案例传到英语教学网站上，让学生在课后能够进行巩固、训练。课后对于知识的拓展主要是根据课前、课中学生还没完全掌握的知识，利用移动学习终端进行自主学习，在英语课堂教学的主题上，拓展相关的知识点，以增加学生的视野和加强对知识的理解，并在此基础上进行创新，力争开发出新的知识体系，这样的教学形式有利于增强学生的思维能力、英语实际应用能力以及学生的观察能力。

课程设计要从学生的学习兴趣、生活经验和认知水平出发，倡导体验、实践、参与、合作与交流的学习方式和任务型的教学途径，发展学生的综合语言运用能力，使语言学习的过程成为学生形成积极的情感态度、主动思维和大胆实践、提高跨文化意识和形成自主学习能力的过程；组织生动活泼的课后拓展活动，促进学生的英语学习；根据学生的年龄特点和兴趣爱好，积极开展各种课后拓展活动，有助于学生增长知识、开阔视野、发展智力和个性、展现才能。教师应有计划地组织内容丰富、形式多样的英语课后拓展活动，如朗诵、唱歌、讲故事、演讲、表演、英语角、英语墙报、主题班会和展览等。教师要善于诱导、保护学生的好奇心，培养他们的自主性和创新意识。

爱因斯坦说过："兴趣和爱好是获得知识的动力。"学生对学科的学习兴趣直接影响该科的学习效果和学习成绩。因此，以课后拓展活动为突破口，教师应开展形式多样、内容新颖的任务设计，帮助学生充分发挥主观能动性，激发学习潜能，使学习成为一种由兴趣出发的主动行为。

面向全体学生，关注每个学生的情感，激发他们学习英语的兴趣，帮助他们建立学习的成就感和自信心，使他们在学习过程中发展综合语言运用能力，提高综合素养，增强实践能力，培养创新精神。

1. 倡导实践体验，促进能力提高

以任务型教学模式为途径，让学生在教师的指导下，通过感知、体验、实践、参与和合作等方式，完成任务，感受成功。在学习过程中进行情感和策略调整，以形成积极的学

习态度，促进语言实际运用能力的提高。

2. 注重过程多元评价，促进学生发展

建立能激励学生学习兴趣和自主学习能力发展的评价体系，把课外活动纳入评价体系的一部分。注重培养和激发学生学习的积极性和自信心，促进学生综合语言运用能力的发展。

3. 开发课程资源，拓展学用渠道

力求合理利用和积极开发课程资源，给学生提供贴近实际、贴近生活的内容和丰富的课程资源；积极利用校内外各种信息资源，拓展学生实践渠道；积极鼓励和支持学生主动参与课程资源的开发和利用。

三、信息化环境下英语课堂教学设计的目的

根据高校人才培养目标，有必要通过充分利用各种互联网技术来提高学生的实用性和综合能力，并促进英语水平的提高。课程安排也应适应学生的学习水平。从现代社会人才需求来看，企业越来越重视员工的英语听说能力，促进大学生就业是高等教育的根本目标，而良好的英语素养也是学生竞争就业一大优势，利用多媒体则可以有效帮助学生提高英语的实际应用水平。另外，利用多媒体教学可以提高整个学校教师的专业素质，培养一支精通多媒体技术和多媒体软件的师资队伍，为我国高校教师队伍的建设做出贡献。

对于学校而言，有必要从英语教学课堂开始，创新思维并提供其他课程发展的实例。在信息化的背景下，互联网对学校的改变不仅限于英语教室，如果学校能够充分利用其丰富的多媒体资源来激励学生学习，它将从英语课堂的成功经验中学习，同时也会在其他专业课程中呈现出积极的教学效果，最终实现学校整体教学水平的提高。

第三节 信息化环境下的英语课堂教学技能

一、信息化环境下英语课堂教学技能的定义

（一）课堂教学技能

在信息技术开始应用之前，过去通常使用的教学技能都是传统教学技能，且一般不使用信息技术，或者在课堂上很少使用信息技术。对传统教学技能的定义，并没有权威性说法。一般认为，课堂教学技能是指根据教学理论，教师在运用专业知识和经验的基础下，对学生进行课堂教学，使学生掌握基本知识、技能，并对其进行各种教学行为的思想教育

的教学活动。因此，课上的技巧不仅仅是一种技能，更是一种知识。①

（二）信息化课堂教学技能

信息课堂教学技巧与传统课堂教学技巧在诸多方面，如教学资源、教学手段都存在差异性。信息化环境下英语教师的英语课堂教学技能的掌握，主要体现在信息技术在英语课堂教学中的应用能力。根据上述对传统课堂教学技能概念的界定，我们可以得出信息化课堂教学技能内涵，即信息课堂教学技能是指教师在应用现代英语教学理论和现代信息技术手段的基础上对英语课堂教学中涉及的教学目标、教学任务、教学环节等进行合理的组织和实施，以达到提高英语教学质量，使教师的教与学达到最佳状态的一种课堂教学组织策略。

二、信息化环境下英语课堂教学技能的分类

信息化环境下的英语课堂教学技能与传统的英语课堂教学技能并没有本质上的差别，它只是在原有各种英语教学技能的基础上渗透信息化的因素，因此，信息化环境下的英语课堂教学技能的分类源于传统，而又区别于传统。信息化环境下的英语课堂教学技能可以分为以下几种：信息化演示技能、信息化语言技能、信息化板书技能、信息化讲解技能、信息化提问技能、信息化导入技能、信息化反馈技能、信息化纠错技能、信息化操练技能和信息化组织技能。

三、信息化环境下英语课堂教学技能的培养

（一）教师要提高自身信息意识

要培养教师信息化环境下的英语课堂教学技能，首先就要让教师拥有信息化教学的意识，激发教师提高自身信息化环境下英语课堂教学技能的动机和加强其教学反思。具体的做法如下：

一是教师要意识到信息化环境下的英语教学是英语教育改革的需要，教师必须顺应英语教育改革的历史潮流，才能在英语教育大变革的环境下不被淘汰，立足于不败之地。

二是教师要认识到在信息技术环境下，信息化教学技术给英语课堂教学所带来的新变化、新转折，信息化教学技术在英语课堂教学中所带来的优势，以及信息化环境下的英语课堂教学技能的作用、价值、新内涵及新特征。

三是教师必须要从思想根本上理解对于信息技术学习的紧迫性、进行信息化环境下的英语教学的方法及英语教学资源的获取等。

---

① 郭竞. 英语教师信息化课堂教学技能的现状与对策研究［J］. 中州大学学报，2016.

四是教师须具备随时接受新事物的意识,信息化环境下的英语教学作为一种全新的教学形式,教师要从其教学的意义上去理解它、接受它,培养出教师对信息化技术的情感,并在此基础上逐步增强教师对应用信息技术进行英语教学的信心,鼓励教师积极主动地进行信息知识的学习。

认识源于实践,教师的信息化英语课堂教学技能只有在英语课堂的教学实践活动中才能得到提升,所以教师要在信息化环境下的英语教学中不断反思自己的教学活动,从教学实践活动中总结出相关的信息化教学经验。教师的教学反思和教学实践不断循环的过程也是教师信息化课堂教学技能不断提高的过程。因此,在信息化环境下的英语教学过程中,教师一定要注重自己的教学反思,从反思中找出新的教学方法和方式等,以便让自己的信息化教学技能得到发展。

(二) 大力开展微格教学教研活动

微格教学的英文为"Microteaching",在我国被译为"微型教学""微观教学"或"小型教学"等,目前国内用得较多的是"微格教学"。微格教学是一种利用现代化教学技术手段来培训师范生和在职教师教学技能的系统方法。其中,教学技能指的是一种程序知识,是一种宏观的综合技能。而微格教学是将宏观的课堂教学技能进行微结构化而实现的教学类型,具体是将课堂教学技能划分为多个教师的微技能,然后一个一个地进行研究,并最终取得突破,使得教师提高了整体教学技巧。有关学习规律的教学理论表明,学习复杂的知识和形成学习技能是在原始简单知识和技能的基础上进行的,这表明学习和掌握技能是一个逐步的过程,因此只有循序渐进地积累知识和技能,才能最终形成自我学习技能。开展微格教学与微格教学研究活动,使教师能从微观的角度对英语教学技能进行培训,这是信息环境下教师掌握英语教学信息技术的重要途径。[①]

从上面的描述中,我们可以看出英语教师可以灵活地借助微格教学这一教学方法开展教研活动。教师之间可以共同制作相关的英语课堂教学微型课,在教师之间相互观看、评价、纠错中加以改进,制作出优质的微型课。当然,在微格教研活动中,英语教师更应该讨论关注的是如何在传统的英语课堂教学中把信息化技术渗透进去,最终达到英语教学技能的共同提高。

(三) 运用学徒制培养教师的英语课堂教学技能

学徒制是一种古老而有效的教学方法,它源自于几千年来不同人的真实生活和生产时间总结。学徒制因为实用而出名,其最大的特征是具有很大的实用性。学徒制下教师的教和学生的学是在具体的教学情境中发生的,它是在实践活动中发生的,注重的是实践,它

[①] 郭竞. 英语教师信息化课堂教学技能的现状与对策研究 [J]. 中州大学学报, 2016.

不用进行烦琐的理论讲解和阐述,教师和学徒之间通过真实的实践操作来进行动作技能的训练。信息化教学技能作为程序性、缄默性的知识,是难以用语言表达出来的,信息化教学技能涉及了太多操作层面的知识,因此,学徒制是英语教师信息化教学技能培训的有效形式。

在信息化环境下的英语教学活动中,教师可以创造性地运用学徒制来增强教师的课堂教学技能,如年长的教师在英语课堂教学中经验非常丰富,但对于信息化技术的应用水平却较低,而年轻的教师在英语信息化技术的应用方面水平较高,但英语教学的经验不足,所以,年长教师和年轻教师可以互为师徒、取长补短、各取所需,共同提高英语教学技能。

(四) 加强教师教学技术的培训和考核

英语教师要想提高自己在信息化环境下的英语课堂教学技能,还应有一个相应的培训机制,并建立一定的考核标准,具体的做法是:①对英语教师进行专业的信息化技术培训。培训组办单位可以在调研的基础上了解到教师的培训需求,举办有针对性的培训班,让有培训需求的教师满足提高自己课堂教学技能的愿望。同时,为教师介绍相关的网络化培训平台,把教师的英语课堂教学与技能结合起来,使得两者达到融合,真正提高信息化环境下英语教学课的教学有效性。②学校可以组织英语教师的教学观摩课,让优秀的英语教师为其他教师上观摩课,讲解信息化技术在英语教学中的应用方法、应用技巧。③学校也可以组织开展各种与英语教学相关的信息化教学技能大赛,让每个教师积极参与,达到以赛促学的目的,最终提高教师的英语课堂教学技能。

当然,无论采取何种培训方式,考核都是一项必不可少的程序,因为考核会直接激励教师促使自身进行信息化环境下的英语课堂教学技能的提高。所以,在建立健全相关的英语课堂教学信息技术培训机制时,更应该对教师的培训结果进行必要的考核,促使教师在课堂教学技能的培训中积极主动地了解相关的英语教学技能,促使教师在培训过程中有意识地把英语课堂教学和信息化课堂教学技能整合起来。考核在英语教师的信息化课堂教学技能培训中起到了重要的监督作用,有效地促进了英语教师主动积极地学习信息化环境下的英语课堂教学技能。

第四章 信息化环境下的英语课堂教学评价改革

第一节 英语课堂教学评价概述

自20世纪90年代开始，我国的教育工作就开始由传统教育转变为现代化教育。现代化教育最重要的标志就是信息化技术在教育中的应用，而今，信息化技术与课程教学的整合在我国教育工作中占的比例越来越多，信息化技术在教育中的应用也越来越成熟。在英语教学工作中，信息化技术也与英语课程教学进行了融合，这种英语教学方式的使用不仅促使了教师教学方法和学生学习方法的变革，也对英语的课程教学产生了深远的影响。英语作为我国教育中的一门主要学科，其课堂教学形式直接影响着学生对英语的认知程度及英语学习能力的高低。因此，把英语课堂教学与信息化技术进行整合，并对信息化环境下的英语课堂教学建立相应的评价指标体系，对英语的课堂教学进行评价，这对于实现英语的信息化教学具有重要的指导意义。在这里，我们根据信息化环境下的英语课堂教学的实际情况，从发展的角度，对信息化环境下的英语课堂教学做出评价，这使得信息化环境下的英语教学有了发展的方向，有利于信息化环境下的英语教学的全面推进。

一、信息化课堂教学评价的定义

（一）教学评价

教学评价指的是在评价课程教学过程时，强调选拔的作用，以发挥学生学习的主动性、积极性，促进学生的发展和提高教师教学实践能力的一种活动。

从上面的定义可以看出，教学评价包含了两部分内容，具体如下：一是对教师的教的评价。评价内容主要包括教师的自身能力是否得到了提高、教师的教是否具有有效性、教师的教学目标是否达成、教师的教学水平是否得以提升，等等。二是对学生的学的评价。评价内容主要包括学生学习能力是否得到培养和提升、学生学习目标是否得以达成、学生的学习主观能动性是否充分发挥，等等。①

---

① 张文新，高峰强，司继伟. 心理学与教育［M］. 济南：山东人民出版社，2006：12.

（二）课堂教学评价

课堂教学评价是基于特定的教育价值观和标准，教师在课堂教学活动中通过合理、适宜的可行性评价方法对相关资料进行收集和分类，评价学生的教学活动和效果，并做出价值判断。评价目标主要是学校管理人员、教研人员、教师、学生等。评价内容主要是对参与课堂教学教师的教授、学生的学习以及师生在教室里的教学活动等，课堂上的教学评价重点是对教师和学生的教学活动进行自我反思和自我评价。

（三）信息化课堂教学评价

信息化课堂教学评价是指评价者根据相关的信息化评价标准、评价目的以及信息技术与课程教学的综合标准来设计相应的评价计划信息①，这意味着要进行完整、科学的收集、筛选和采样。分析课堂教学中教学信息化的现状，分析评价的信息化教室的实施情况，做出综合判断，为改善和优化信息化教学的发展提供基础。

信息化课堂教学评价是指根据现代化的教育理念，采取科学的、综合性的方法收集、整理、分析课堂教学的相关信息，依据相应的评价体系对教师和学生的课堂教学活动做出相关的评定，从而提高教学活动的效率。信息化课堂教学评价的实质是依据信息时代的教学理论，在信息化教学环境下，对教师和学生在课堂上应用信息化技术的效果、课堂教学的目标是否达成、教师是否具有良好的信息素养、信息化课堂是否提高了学习的效率等进行评价，以此促进课堂教学改革的实现，提高师生教与学的水平，最终实现教师和学生的共同发展。

（四）信息化课堂教学评价的服务对象

信息化课堂教学评价的服务对象决定了对问题进行分析的角度，同时，服务对象的不同也决定了信息化课堂教学的评价方式、指标体系等均有所不同。信息化课堂教学评价的服务对象主要有四大类。

1. 政府

把信息化课堂教学评价的结果反馈给政府，其目的在于让政府了解信息化技术与课堂教学整合下教学的状态和需求，以便于政府从经济上、政策上及时给予相关的支持，更好地进行信息化课堂教学。②

2. 学校

把信息化课堂教学评价的结果反馈给学校，让学校相关的领导对本校的信息化课堂教学情况有所了解，这样就可以清楚在信息化课堂教学中学校还应提供的相关支持，如完善

---

① 龚婷婷. 漫谈信息化课堂教学评价 [J]. 数码设计, 2017.
② 陈佳艺, 董河. 管办评分离视域下职业教育第三方评价的运行模式 [J]. 中国中西医结合杂志, 2020.

相关的信息化设施的设备建设、组织教师开展信息化技术培训的活动、提倡建设良好的信息化校园环境等,以便让学校更好地参与到信息化教学中,为信息化课堂教学制定信息化战略和规划提供支持。

3. 研究者

把信息化课堂教学评价的结果反馈给研究者,有助于他们针对存在的相关教学问题展开研究,为信息化课堂教学提供更好的理论支撑,帮助加快信息化课堂教学进程,并为相关的人员(如教师、学生)提供咨询和指导。

4. 教师

信息化课堂教学评价的结果可以反映出教师在课堂教学活动中存在的问题,以促使教师努力提升自己的专业教学水平,加深对信息化课堂教学的认识。同时,信息化教学评价中的同一个阶段的不同层次评价可以分出教师的教学水平等级,这有利于激励教师积极主动地去学习信息化的相关知识,并在课堂教学中对信息化技术进行积极应用,这促进了我国的信息化教学改革。

信息化课堂教学的评价结果可以反映出信息化教育的进程,以帮助我们更好地估计和评价一定时期的信息化课堂教学,促使信息化课堂教学目标的实现。

二、信息化环境下英语课堂教学评价指标体系

信息环境下英语课堂教学的评价指标体系结合了各种教育目标。信息环境下英语课堂教学的评价指标体系应尽可能简洁明了、一目了然、细节详尽,便于指出信息环境下英语课堂教学的方向,要点很突出,指导性很强。为了建立信息化环境下英语课堂教学的评价指标体系,各种信息化指标体系必须科学,不仅要有知识指标,还要有能力和思想指标。他们需要面对所有老师和学生共同的指标,还需要面对单独的个体指标。既要有学生学的指标,还要有教师教的指标;实现传统教学指标和创新教学指标结合。简而言之,信息环境下的英语课堂教学评价指标体系是一个全面、科学的系统,不仅可以满足信息环境下英语教学改革的需要,而且可以使师生全面发展,且具有针对性。

(一)构建评价量表

目前,在我国的英语教学改革中,信息化技术与英语课堂教学的整合普遍得到应用,但还缺乏一个相应的课堂教学评价体系,有些教师和学生对于信息化环境下的英语教学的理解还有些模糊,因此,需要建立一个科学的、全面的、主旨突出的信息化环境下的英语课堂教学评价指标体系,从英语教学与信息化技术进行整合的实际情况出发,构建出信息化技术与英语课堂教学整合的评价量表,这也是构建信息化环境下的英语课堂教学评价指标体系的基础。评价量表为教师和学生的英语课堂教学评价构建了一个模型框架,也为教

师和学生的英语课堂教学指明了方向，有利于信息化环境下英语课堂教学的真正实现。

（二）提供教学平台

所有体系的建立都离不开相关平台的应用，因此，在建立信息化环境下英语课堂教学评价指标体系的同时，也应为信息化技术与英语课堂教学整合之后的英语课堂教学提供一个进行评价指标体系实践的平台。[①] 通过对教师和学生的英语课堂教学的评价及对整合后的英语课堂教学进行相关的指导，查看相关的评价指标体系是否适合信息化环境下的英语课堂教学。这样不仅有利于改进传统英语教学中对学生和老师英语教学课堂的单一性评价，还有利于真正实现对英语课堂教学的整体评价，并通过对整个英语课堂教学阶段进行阶段性的评价和整体的综合评价，最终得出其教学质量的高低，以便于之后英语课堂教学的改进。

课堂教学评价标准是引领课堂教学改革的指挥棒和风向标。而课堂教学评价标准的研发或制定，与课堂教学的基本形态和价值取向有着直接的关系。传统课堂教学以知识的掌握为价值追求目标，这种价值取向与教师讲授为中心的课堂教学形态是分不开的。随着教育教学改革的推行，现代的课堂教学形态已经由教师讲授为中心向学生学习为中心转变。课堂教学评价所特有的诊断、导向、激励的功能可以促成教师的关联性体验，帮助教师尽快摆脱传统教学的"惯性"，把课堂教学改革的实践落到实处。在这种情况下，研究制定以学习中心为价值取向的以学评教的课堂教学评价标准，对学习中心课堂的建构有积极的推动作用。

现代信息化技术在信息化环境下英语课堂教学中的应用，使得我国的英语课堂教学现代化程度越来越高，因而，要将教学平台与评价指标体系构建结合起来，更有利于完善信息化环境下的英语课堂教学的评价指标体系，对英语课堂教学做出更准确的综合评价，让信息化环境下的英语课堂教学的评价发挥出真正的作用。

（三）提供综合评价体系

信息化环境下英语课堂教学评价指标体系的建立应提供不同的综合评价体系。

第一，在同一个英语班级，应该有一个相应的成绩评价系统，并且必须将成绩分为三个等级作为比较的基础，这有助于促进师生的主观能动性，并鼓励师生的积极自我完善，同时便于师生可以在信息环境中进行英语课堂学习。

第二，在不同的英语课堂教学阶段，应根据英语课堂教学各阶段的特征提供不同的教学评价体系。例如，在信息化环境下的英语课堂教学前期，应注重对教学目标的评价，在信息化环境下的英语课堂教学的中期，应该注重对英语课堂教学过程的评价，在信息化环境下的英语课堂教学结束之后，应该注重对英语课堂教学效果的评价。

[①] 张世辉. 信息技术与初中英语课堂教学整合的评价指标维度研究 [J]. 学周刊，2017.

不同的综合评价指标体系，适应了不同情况下的信息化环境下的英语课堂教学，因此，要建立不同的综合评价体系，为教师和学生的英语课堂教学活动进行准确的评价，以促进信息化技术与英语课堂教学的整合。

三、信息化环境下英语课堂教学评价的分类

如图4-1所示，从信息化环境下英语课堂教学评价的分类中可以看出，英语课堂教学的评价可以根据教学目的、教学任务、教学评价对象等的不同而分成很多类。目前主要的评价为两大类，一是形成性评价，它包括了教师和学生的自我评价、同伴之间的相互评价以及教师的评价；二是总结性的评价，它主要包括了信息化环境下英语课堂教学中存在的两大阶段，即期中和期末，所以形成了期中评价和期末评价。

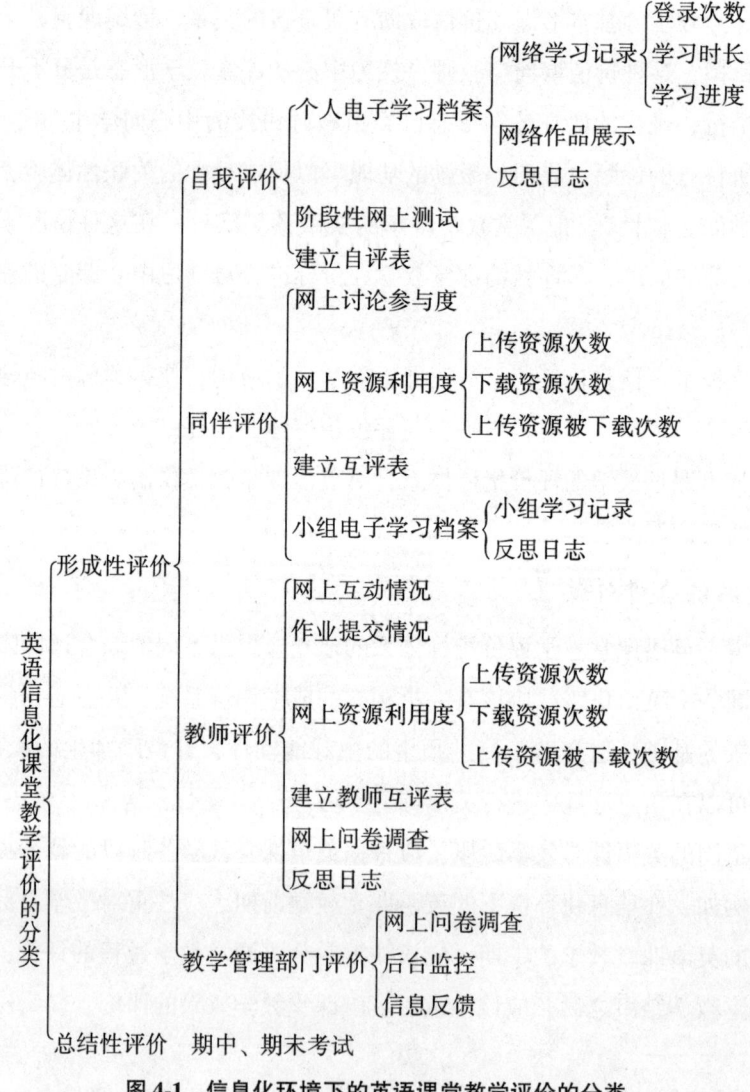

图4-1 信息化环境下的英语课堂教学评价的分类

1967年，美国评价专家斯克里芬根据研究分析将教育评估划分为形成性评价和终结性评价两种类型；而教育家布鲁姆则根据研究并结合自己的分析将教育评估划分为诊断性评价、形成性评价和综合评价三种类型。①

（1）诊断性评价是指在教学活动进行之前，对学生的学习情况做出鉴定，以便采取相应的措施进行教学活动，这样可以使教学计划顺利实现，它是一种测定性的评价。

（2）形成性评价又称过程性评价，是指在教学活动过程中对教学活动的过程性和发展性等方面的评价。它根据教学活动的目标，结合教师和学生对教学活动的态度，以多种方式跟踪教师的教学和学生的学习过程，综合评价情感和所得结果。总的来说，形成性评价就是一种具备动态、持续、发展等特征的评价方法。②

（3）综合评价，又称为总结性评价，通常是在教学活动完成后进行，是对教学活动最终结果进行的一种评价。在信息化环境下对英语课堂教学进行的评价进行分类，并根据从不同的角度有不同的理解这一理念，得出具体内容。③

四、信息化环境下英语课堂教学评价指标体系建立的意义

（一）有利于完善英语课堂教学评价理论体系

信息化环境下的英语课堂教学评价作为英语教学的重要环节，在其中占据着举足轻重的地位。目前，人们越来越关注对信息化环境下英语课堂教学的评价。在该评价中，包括了多方面的内容，如课堂教学设计、课堂教学的过程、课堂教学的环境、课堂教学的目标完成、课堂教学的结果，等等。④ 在现阶段的评价指标体系中，对信息化技术与英语课堂教学的整合进行全面评价的学校还很少，它们并没有形成一个较为完整的体系。与此同时，传统的英语课堂教学评价体系也无法满足现代化信息化环境下的英语课堂教学评价。因此，建立完善的英语课堂教学评价理论体系，有助于对英语课堂教学建立综合的、科学的评价机制，促使了信息化环境下英语课堂教学的成功，也让整个英语教学评价体系得以完善。

（二）有利于提高信息化环境下英语课堂的教学效率

建立信息化环境下的英语课堂教学评价指标体系，有利于建立一种综合科学的评价机制，并建立一系列结合信息技术和英语课堂教学特点的评价量表，这对于整个信息环境很

---

① 徐影. 教育学考研应试宝典 [M]. 北京：北京理工大学出版社，2017：02.
② 教师资格考试命题研究中心. 英语学科知识与教学能力 高级中学 [M]. 北京：北京师范大学出版社，2015：03.
③ 教师资格考试命题研究中心. 英语学科知识与教学能力 高级中学 [M]. 北京：北京师范大学出版社，2015：03.
④ 李森，陈晓端. 课程与教学论 [M]. 北京：北京师范大学出版社，2015：08.

重要，对提高英语课堂的教学效率和质量起着重要作用。因此，建立信息化环境下的英语课堂教学评价指标体系，有利于促进英语课堂教学效果的实现。使用评级量表评价师生的教育活动有助于师生积极发展主观能动性，并提高自身的能力，这不仅可以帮助教师和学生发展他们的整体教育和学习能力，而且可以在信息环境中最大限度地提高英语课堂教学的效率。

（三）有利于构建并实现现代化的英语课堂教学模式

传统的英语课堂教学模式在教学改革浪潮下已不再适合现代的英语课堂教学，随着互联网技术的不断发展，信息化技术应用越来越广泛，如应用在英语教学活动中，这使得我国的英语课堂教学也朝着现代化的教学模式方向发展。信息化环境下的英语课堂教学作为英语教学活动的重要组成部分，整合英语课堂教学与信息化技术，对我国的英语改革具有重要的推动作用。建立信息化环境下的英语课堂教学评价指标体系，有利于我国真正实现信息化环境下的英语课堂教学，并能够促进信息化环境下英语教学的实现。

第二节　中小学英语课堂教学评价改革

英语是基础教育的一门必修课程，英语教学水平与学生运用英语的实际能力和外语文化素养息息相关。

中小学英语课堂教学活动涉及方方面面，其中教学评价是必不可少的组成部分。有效的教学评价是对教师教学行为的一种监督和引导，不仅能提高教学的质量和水平，还能调动教师教的积极性和学生学的积极性，从而提高学生的学习效率和质量。然而，从我国当前的英语教学环境来看，中小学英语课堂教学评价还存在许多问题，因此迫切需要采取一定的措施进行改进，这样才能有效提高中小学英语的教学质量。

一、课堂教学评价的内涵

教学评价是以教学目标为依据，通过采用一定的评价标准与工具，对教学活动的内在价值和外在价值做出评判，从而推动教学活动不断完善的一种行为活动。

课堂教学活动由"教"与"学"两部分组成，因此，课堂教学评价也包括两部分：对教师"教"的情况的评价及对学生"学"的情况的评价。对教师"教"的评价标准包括：①是否有科学、合理的教学目标和内容；②是否创设了宽松、和谐的学习环境；③是否运用了灵活、有效的教学方法；④是否充分发挥了学生的主体作用；⑤是否注重学生创新能力的培养。对学生"学"的评价涉及学习态度、学习策略、学习能力、学业成就等方面的评价。其中，学业成就是最基本的评价内容。

二、中小学英语课堂评价的现状及存在的问题

我国的中小学英语课堂教学评价发展比较缓慢，加之我国特殊的历史文化背景，使得我国中小学英语课堂教学评价存在一些缺陷。从评价主体上看，我国中小学英语课堂教学评价偏向外部评价，即其他主体对评价对象的评价，而忽视了个体的自我评价与反思。从评价方式上看，我国中小学英语课堂教学评价以定量评价为主、定性评价为辅。总体来说，我国中小学英语课堂教学评价忽视了教学评价动力功能的发挥。

（一）评价方式单一，缺乏形成性评价

传统的中小学英语课堂教学评价方式以终结性评价为主，这类评价以评定学生的学业成绩为主要目标，主要考查学生掌握知识、技能的程度和学习能力。然而，这种评价方式往往以一次测试或考试的成绩作为标准，只看重学习成果或教学效果，忽略了教学过程，因此缺乏一定的灵活性和动态性，从而严重影响了中小学英语课堂教学的质量和效率。

首先，向学生传达了错误的学习理念。学习的最终目标是满足个体的需要，将理论应用于实际，即学以致用，而不是应付考试、纸上谈兵。终结性评价容易对学生造成误导，使学生将考试作为唯一学习动机，进而影响学生的学习兴趣。此外，一味强调考试的重要性和权威性会给学生造成很大的压力，容易使其产生"畏学""惧学"的心理。长此以往，学生的英语学习积极性和兴趣会大大降低。同时，对那些英语学习成绩较差的学生来说，自信心也会受挫。

其次，英语课堂教学目标难以实现。根据新课程标准，英语课堂教学的目标除了培养学生的英语阅读、写作能力，还包括让学生具备一定的英语交际能力，即能够在日常生活中运用英语和他人进行交流。而终结性课堂教学评价以笔试为主，主要考查学生的阅读理解和写作能力，其测试结果不能科学、系统地反映学生在听、说、读、写各方面的能力，评价结果也不够全面。

最后，考试只能考查学生掌握知识或技能的程度，对于辩证性思维、创新能力等高层次技能的评价作用则十分有限。同时，传统的教师评价往往只关注教师的工作结果而忽视工作过程，也打击了教师的积极性。

（二）评价主体单一，忽视主体性评价

传统的学生评价以教师为主体，学生是被评价者，其主体性和积极性受到一定限制。同时，传统的教师评价主要以学校领导作为评价主体，不利于发挥教师的作用和提高教师的教育教学反思能力。

总之，现行的中小学英语课堂教学评价制度没有将"教"与"学"融合在一起，没有使评价对象成为评价主体，因此，不利于反映真实的教学情况或教学心理感受。此外，

我国教学评价主体多是管理人员或是行政人员，相对于评价客体来说，他们处于更高的位置。评价客体在教学评价中较为被动，缺乏一定的发言权，这就容易使教学评价的主客体之间产生心理对立的现象。同时，由于大部分管理或行政人员并不处于教学第一线，因此对于教师或学生的评价可能不够准确、全面。

（三）评价目标和内容狭隘，忽视差异性评价

在科学的评价体系中，评价的目标和内容占据十分重要的地位。现代中小学英语教学目标不仅关注学生对英语语言知识和技能的运用能力，还注重培养学生的英语交际能力、团队合作意识、探究性学习能力、自我反思能力等。然而，传统中小学英语教学评价主要以测验或考试成绩作为参考，仅仅对学生的语言知识和技能做出评价，加之对不同学生的智能差异关注不够，不利于促进学生的个性发展。此外，传统的教师评价标准单一，忽视了教师不同的发展特性及在教学上的差别，不利于教师自我调节和自我发展。

三、中小学英语课堂教学评价中所存在问题的原因分析

（一）课堂教学环境不利于形成教学评价

在中小学英语课堂教学中，学生在英语学习过程中通常存在兴趣、积极性和探究性等不足的问题。究其原因在于课堂教学环境的建设不够。具体而言，良好的课堂教学环境在激发学生的学习兴趣和提高学习效果方面十分有利；与之相对，较差的课堂教学环境会降低学生学习兴趣，导致学习效果不理想。下面主要从初中英语课堂的物理环境和文化氛围两个方面来分析原因。

一方面，现阶段英语课堂教学的物理环境相对传统和封闭。在日常教学过程中，教师课堂教学的主要阵地就是讲台黑板，因而师生课堂活动空间范围较小，不利于师生交流互动。另外，由于英语是一门需要学生不断交流和使用的语言学科，而课堂教学封闭的物理环境导致师生之间的交流是单向的，因此学生的课堂反应无法及时得到同伴和老师的帮助，不利于激发学生学习英语的兴趣。

另一方面，英语课堂教学的文化氛围并不浓厚，尤其缺乏英语浸入式的氛围，绝大多数学校的教室没有设置英语角、口语角，即使有部分学校设置了也没有发挥其教学作用，无法让学生体验英语语言文化学习的乐趣。因此，教师在课堂中的主要地位使学生鲜有机会参与课堂评价，不利于形成评估体系的建立。

（二）教师教学理念滞后，不利于形成评价

1. 教师没有适时转变课堂角色

第一，尽管多数教师已开始在课堂上尝试一些先进的教学理念，以改进教学方法，但

由于教学进度、绩效考核、升学效率等方面的压力，先进的教学理念处于浅尝辄止阶段，传统的教学理念仍是根深蒂固。

第二，在应试教育的影响下，教师在教学过程中的教育重点大多以考试内容为依据，即考什么教什么，但这一教学方式忽视了学生能力和学科素养的培养，不利于学生未来的发展。另外，在课堂教学过程中，教师仍旧是课堂的主体，是知识灌输者，而没有向教学的组织者、引导者、协助者等多重角色转变。

2. 教师教学能力素养不利于形成评价

第一，大多数教师在英语教学过程中都表现出良好的知识素养，并且都有一口流利、标准的口语、扎实的英语基本功，以及丰富的教育学和心理学理论知识。但问题就在于，教师在教学过程中只注重知识能力的培养而忽略了将教育学和心理学知识有效结合，因而教学效果评价非常单一，即只看重考试成绩而看轻学生整体能力素养的发展。

第二，一些英语教师能力素养欠缺，主要包括现代技术教学手段的运用、创新教学意识和教育教研能力等不足。目前，一些偏远地区的初中英语教师教学能力素养普遍偏低，不能灵活恰当地将教育教学理论应用于教学实践，创新意识较弱，因而很难对教育教学中的实际问题进行细致的研究，导致未能充分发挥教学智慧。

3. 一些教师在职学习意识薄弱，没能有效实践创新教学

第一，英语课堂教学缺乏创新性。目前，在初中英语课堂教学过程中，有些教师往往缺乏在职学习的意识。究其原因在于，教师受到教学任务、学校职务以及家庭琐事的困扰，导致许多教师在职期间没有时间和精力丰富自己的教学知识、增加教学经验和提高教学能力，造成教学理念得不到更新，仍旧保持传统教学理念。

第二，大部分学校没有或没有能力为教师创造良好的学习和提升能力的机会。尤其是在贫困地区，如农村或山区，这些地区的老师由于外出学习的机会很少，往往只能通过自我总结教学经验或定期在校内开展公开课研讨等方式提升教学能力。

对英语教学而言，教师之间应该相互沟通、相互学习教学经验，通过集体备课、集体研讨等方式碰撞出新的教学火花，即让教学时间具有创新性，让学生充分发挥自主学习能力及积极体验各种英语学习实践，这样才能让英语课程形成评价真正建立起来。

（三）学生学习意识薄弱，不利于形成评价

1. 一些学生学习认知态度不到位

从年龄来看，学生在进入初中这一阶段时通常属于青少年发展时期。由于这一阶段是从小学过渡到中学，因此大部分学生还没有进入状态，仍旧以小学的心态学习，没有正确定位自己的学习目标。对英语这一学科而言，虽然小学开设了这门课程，但在教学上却没

有得到重视，只注重升学考试的重点——语文和数学，因而在进入初中时对英语的学习很吃力，导致学生普遍出现英语学习意识薄弱、学习态度不端正的问题。另外，学生性格也是影响英语学习的关键因素，如内向的学生害怕在英语课堂进行交流、害怕开口说英语，有的学生对语言的敏感度不高，还有的学生因为自卑等，这些都会导致学生英语学习缺乏积极性与主动性。因此，没有学生积极参与活动的课程是无法建立形成评价的。

2. 过度依赖教师的讲授

在初中英语课堂教学中，普遍存在学生对英语缺乏深度学习、合作探究的问题，究其原因在于在学习过程中学生对教师讲授和灌输知识这一教学手段的过分依赖。实际上，有大部分学生一直都在被动地接受知识，即学生在课堂中只需认真听讲，认真记笔记，很少依靠自己的思维去思考问题，这就表明初中英语课堂在开展并应用自主、合作、探究的学习模式较少，从而造成学生学习效果不理想。另外，学生过分依赖教师的灌输式教学，就无法培养学生思考能力，造成思维惰性。尤其对英语学科而言，其中最重要的就是英语表达能力、应用能力以及英语思维能力，如果学生只机械做笔记和记忆知识点，这些目标都无法实现。这种以应试为目标的教育模式，教学评价往往只看教育的结果而不问教育的过程，往往只看重片面的量化而忽视综合的定性评价，忽视了教学评价的教育性和发展性功能。

3. 应对困难的能力较弱

学生在面对学习错误、学习困难时表现出的一种主动解决问题的能力，就是应付困难的能力。研究结果表明，首先，大部分初中生应对错误的能力较弱，如有些学生在英语学习过程中遇到困难时，尤其是语法知识比较复杂时，一般选择不去理会和解决，甚至在之后的学习中对英语学习产生厌倦、畏惧的心理；其次，由于初中生年龄较小，还未形成较强的应变能力和学习能力，同时由于学习内容的难度和数量较小学而言有所增加，因此大部分初中学生在学习中遇到问题时，都害怕犯错误而选择逃避，不愿意积极面对解决问题，这也导致英语课堂教学缺乏参与性和主动性。

四、信息化环境下中小学英语课堂教学评价改革的实施

（一）教学理念的更新

当前的课堂教学改革未能取得根本突破，主要是因为它们没有解决运营问题和先进概念的实施，因此，课程评价也停留在传统的终结性评价之上。教师通常必须经历三个阶段的改革：第一个阶段是焦虑和怀疑，人们接受新事物时就会表现出这种状况。第二步是逐渐降低焦虑水平。至此，我们对改革项目有了事先的了解。第三步是对改革项目有更深入的了解。当外部环境发生改变时，教师教学理念的更新要先放在首位。体验教学的变革需

要教师内在地接受与变革，因此，一方面教师要正确把握"互联网+"和"体验教学"的内涵。① "互联网+"并不是与其他领域的简单相加，它是一种对传统行业进行重构和深度整合的行为模式或运动过程。"互联网+教学"意味着教学不仅逐步呈现出网络化和数字化，而且教学中所包含的师生、教学环境、教学内容、教学结构等诸多要素与互联网技术、互联网思维的深度融合、相互渗透，形成教学过程中的新生力量，共同促进学生的全面发展和教师的专业发展。"体验教学"不是表面形式的丰富和多样，它以"体验"为手段，旨在促进教师发展和学生成长，使两者形成知识的领悟、情感的触动和价值的生成。

另一方面，教师要转变自己的教学理念，教学理念如果没有得到更新和发展，那么改变教师的教学方法、改变学生的学习方法也就无从谈起，教学的变革也只能是表面的形式上的变化，属于"穿新鞋走老路"，不会产生实质性改变。教师应该树立终身学习理念，在"互联网+"时代，充分利用教学资源，强化学习意识，不断提高自己的探索能力与应用能力，使自身能熟练掌握最新的教学动态与理念，紧跟时代发展脚步。教师应该遵从以人为本的教学理念，在教学中关注生命个体，注重学生自主，关怀个性发展。教师应该秉持开放包容的教学理念，不断在工作和生活中寻求新技术和课堂教学的结合点，主动促进体验教学的变革发展。开放、动态的互联网环境使得学生学习的过程也丰富起来，最新的学习过程会产生动态评价过程。

（二）提高自主学习能力，形成共同学习群体

"互联网+"时代，体验教学对学生的学习能力提出了更高的要求。体验教学的展开有赖于学生的主动参与和充分体验。当学生的被动意识得以转变，内在动机被激发，如果此时学生不具备较好的自主学习能力，也同样无法以实际行动参与到体验教学当中，这将严重阻碍体验教学向着有序、开放、多元的方向变革。内在学习动机的激发以学生自主学习能力的提升为宗旨。学生是自由的且相对独立的生命个体，学生的学习是任何人都无法代替的。自主学习能力的提高意味着教学的"授——受"局面被打破。

因此，在课堂上，学生要主动运用各种手段和途径，进行有目的、有选择的学习体验活动，在教师的适时指导下形成对新材料的自我认知和自我消化。在课堂下，学生要形成对自己的学习认知和能力的客观认识，及时了解自己所处的学习处境或能力层次，明确自己需要不断进行完善和发展的地方。形成共同学习群体不失为一种提高学生自主学习能力的途径。学生通过小组学习的效果通常要比各自单独学习的效果好。通过形成共同学习的小群体，学生在这个群体里相互认识和彼此了解，进行充分而自由的讨论和交流，从而提高自身的思考能力，有益于建构更深层次的知识体系。要充分发挥集体教学的作用，促使

---

① 宋昕. 基于"互联网+"的体验式教学模式的创设与构建[J]. 创新创业理论研究与实践，2019，2（11）：130-131.

学习群体里面的每一位成员都得到提高和成长。多元、开放的学习手段也决定着评价过程的多元化，学生的学习效果贯穿在整个学习过程当中，多元的评价方式更有利于客观反映学生真实的英语水平。

（三）优化课堂教学设计

信息技术为教学提供了一个更为便利的平台，使抽象的、枯燥的转化成有趣的、可视听的动感内容，便于学生理解、记忆、矫正发音错误。

英语学习需要有一个有效的语言学习和使用的环境。课堂内的语言训练大多是在假设的情境中进展，学生常常是为学语言而学语言。运用信息技术，精心设计与教学内容相吻合的情境，合理组织画面，适当参加动态元素，不仅可以传播大量的教学信息，而且能激发学生的探究兴趣。

信息技术已广泛地用于教育教学全过程，如多媒体显示技术及应用软件辅助教学等，这些更多地改善了原有的教学模式。教师是学生学习活动的组织者、引导者与合作者，教师要抓住教材中蕴含的创造性因素，运用信息技术，创造富有变化、能激发新异感的学习情境，充分利用学生的好奇心，引导他们从不同角度、不同途径去思考问题、研究问题、解决问题，实现教学方式的变革。但无论在哪个环节使用多媒体，教师都应抱定一个目标，那就是我们之所以要使用多媒体，是为了挖掘教材中的情境语言点，是为了"活化教材"，创造真实的情境，使学生在英语环境里的语言实践中学习和思考。

在这种情况下，教师应正确对待，及时转变观念，充分利用信息技术提供的丰富资源，引导学生主动学习。教师可根据教学需要，提出教学要求和问题，让学生利用信息技术去搜集信息、处理信息，然后进行讨论、总结交流。通过这种方式，学生既学到了知识，又锻炼了搜集和处理信息的能力、分析和解决问题的能力以及交流与合作的能力。

在日常的教课过程中教师必须了解学生学习过程中存在哪些问题，其次教师还要经常组织一些多样式的教学实践活动，并在不断反思总结中提升自己的教学能力。

由于教育资源存在城乡差别，一些小学农村的教师英语水平有限，所以就造成了中小学生英语基础的不同。有的同学刚开始学英语时兴趣十足，积极参与课堂练习，可学了一段时间后却失去兴趣，上课犯困走神的现象常有发生。长此以往，对英语学习产生抵抗情绪，学习兴趣更是荡然无存。

要想改变初中英语的这些顽疾，就必须在教学过程中注意英语教学的"应用"和"实用"。所以教师要充分利用现代信息技术，积极地开展教学实践活动，以此来激发学生学习的兴趣。

1. 利用现代信息技术扩展知识背景

传统英语课堂教学模式单一，一味地让学生默写、朗读。而现代多媒体技术的应用让英语课堂生动起来,利用现代互联网技术可以为学生搜集到更多有趣的素材,增添了学习乐趣。例如,在学习"The Olympic Games"时,如果让学生长时间朗读,学生会觉得枯燥。所以我利用互联网为学生搜集了往届奥运会的视频和图片,这样学生就可以真实感受到奥运会的场景,感受运动健儿在奥运会上的拼搏精神。这让学生在学习知识的同时也能学到奥运精神,这就是现代信息技术带给我们的便利之处。在信息化环境中,教学资源的丰富也能够调动学生的学习积极性,学生能否体现学习主动性也时刻体现在每一次课堂教学、每一次课后任务中,由此产生的数据评价及教师的评价才是准确的。

2. 利用现代信息技术开展丰富的教学实践活动

现代信息技术给我们的世界带来了巨大的变化,我们在平常的教学中也要善用这一技术来帮助我们改变枯燥的读写练习活动,丰富我们的教学实践活动。让学生增加英语练习应用的机会,提升学生的英语口语交际能力。例如,在教学活动中可以利用现代信息技术让学生在课堂上观看电影或者励志短片。有了动画视频的引入,学生的学习更有兴趣。而在看完电影后可以让学生写一篇英语读后感,这一活动在吸引学生注意力的同时更是让学生在轻松的氛围中学到英语知识。或者,利用现代信息技术来开展一系列角色互换活动,让学生来"当老师",学生可以利用互联网查阅资料,自制简单的PPT课件,然后在电子白板上放映,以此来给其他学生讲解一个小的英语知识点,让学生体验一把当老师的感觉。在活动过程中学生可以利用有用的素材主动学习,而且让学生"当老师"就可以让学生换位思考知道教师的不易,学会尊重老师。抑或利用现代信息技术可以开展一些诗歌朗诵类实践活动。要想让学生将所学的课本知识真正地活用到生活当中就必须给学生创造一些应用的条件,学唱英语歌曲就是个不错的活动。一首《Do Re Mi》歌曲,相信大多数学生都会,欢快的曲子,富有动感的节奏,足以让学生爱上英语学习。

丰富的课内外实践活动的开展,最能体现学生真实的语言运用能力和跨文化交际能力,在实践活动中对学生的评价能够综合地体现学生的语言素养和文化素养。

3. 利用现代信息技术帮助学生加深知识的理解与记忆

近年来,英语考试的试卷信息量逐渐增大,陌生词汇出现的频率加大,知识面更是包罗万象。对此,教师在教学过程中要利用现代信息技术增强学生的理解记忆能力。通过互联网技术利用有趣的话题、课件等开阔学生思维,让学生不单单是靠多读、多写来理解记忆知识,更要通过多种方式方法去完成英语的学习。在平常的电影中可以培养英语语感,在日常的歌词中也可以理解记忆英语单词。英语课堂时间有限,而且教材知识也比较局限简单,要想真正地让学生掌握英语这一门实用工具,就必须借助现代信息技术辅助教学,加深学生对知识点的理解记忆。

我们在应用信息技术的过程中必须重视学生的基础,要以多种实践活动为辅助让学生有条件去"应用"英语知识。我们使用多媒体进行教学的目的是为了吸引学生的兴趣,通过丰富的教学活动让学生真正地参与到课堂教学当中,让学生在轻松的环境中学到知识并学会应用,为以后的学习打下坚实的基础。值得注意的一点是,教师在教课过程中一定要多鼓励学生大胆说英语,而且要言传身教地给学生做榜样,避免哑巴式英语教学的出现。

目前,世界越来越多元化,英语的使用也越来越广泛。而信息技术的发明改变了我们的世界,也改变了传统的教学方式。所以,教师在教学过程中要善用信息技术来提高我们的教学效率,引发学生的学习兴趣。

运用信息技术,可以创设远比传统教学更富有启发性的教学情境,能设计让学生动手做的实验环境,能灵活自如地进展变式教学;运用信息技术,能更有效地使学生领悟教学思想和教学方法,启发学生更积极的思维活动,引导学生发现和探索,以此来提高学生的思维能力,优化课堂教学,推进教学改革。

总之,在英语课堂教学中,如果教师能合理适时地利用信息技术开展教学,充分发挥自身的主导作用,发挥学生的主体性和创造性,引导学生进展量多而质优的听、说、读、写综合训练,那么对学生的评价就不只限于课堂,而是基于学生个性化学习及反映学生个人能力逐步提高的科学的评价。这也是形成性评价最好的体现。

(四)基于无线投屏构建高效教学环境

通常来说,影响学习者学习的外部环境就是指学习环境[①],它也是促使学习者主动获取知识和推动能力发展的关键因素。教育环境则是指影响教师教学和学生学习的各种物理和社会因素。从总体上讲,教学环境可分为物理环境和心理环境两部分,具体如:物理环境主要包括教室布置、软硬件技术支持等;心理环境主要是指教师和学生、学生和学生之间在生活中构建的情感体验环境。有鉴于此,下面将从学习空间布置,学习软、硬件技术支撑环境以及师生心理环境三个方面,探讨无线投屏环境下高效教学环境的构建及高效教学环境对于教学评价的作用。

1. 舒适的学习空间布置

舒适的环境可以让学生更好地学习。无线投屏环境是基于平板教室的建设而存在的。相对传统课堂课桌桌椅紧密排布,学生排排坐的布置,无线投屏的课堂环境更好,学生根据分组围绕桌子而坐,教师可以在教室的任意位置移动,如图4-2所示,师生更活跃。在这样的环境下,学生感到放松和舒适,有利于更好地进入学习状态。

---

① 丁镜.电大开放教育微学习应用策略[J].成人教育,2017.

第四章 信息化环境下的英语课堂教学评价改革

图 4-2 无线投屏学习空间环境

2. 良好的软硬件技术环境支持教学

在教育信息化时代,技术与教育的融合更加紧密,高效教学需要良好的技术支撑环境。无线投屏集成了高速无线网络、交互式电子白板、移动智能终端平板电脑等硬件的同时也能便捷利用其自带软件和安装的学习 APP。

(1) 硬件支撑环境为教学开展奠定基础。区别于传统的多媒体教学环境,无线投屏环境配置高速无线网络,可以同时支持 40 台左右的平板电脑同时上传下载;教师与每位学生都配备自己的平板电脑,内置 Android 操作系统,支持 GSM、WCDMA、Wi-Fi 等多种网络标准[①];2G 运行内存,具备拍照录音、输入输出、网络搜索与查询、网络交互等功能;该系统可以自动过滤不良网站并设置软件权限,以防止被干扰和游戏成瘾;交互式电子白板是一个大型触摸屏,在电脑端上可以进行感应触摸,并具有多媒体和黑板功能,用无线网络与计算机、平板电脑互联。教师可以使用平板电脑在交互式白板上流畅地交互显示学生的平板电脑和计算机内容。硬件支撑环境如图 4-3 所示,基于这些支撑设施,教师可以根据教学需要灵活地组合这些硬件进行教学,如教师 Pad 投大屏组织集体教学、习题讲解、操作展示等,教师 Pad 与学生 Pad 互投,发送教学任务,监督学生学习进度、接收学生学习问题疑惑等。

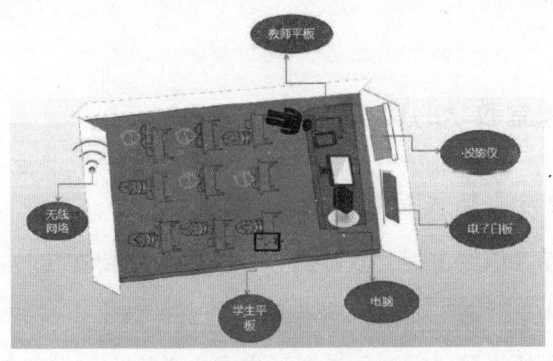

图 4-3 无线投屏硬件环境

---

① 高海波. 基于电子书包的高中信息技术智慧课堂构建及案例研究 [D]. 昆明:云南师范大学,2019.

（2）软件环境为教学提供个性化学习支持。这里的学习软件主要是指专门针对小学英语教学的学习类 APP。这类学习 APP 设计符合小学生的学习特征和心理，界面设计简单有趣，内容呈现形式多种多样并且注重交互和评价功能。如本研究运用到的树鱼英语学习 APP 和英语趣配音学习 APP。学生利用树鱼英语 APP 能与教材内容进行交互，学习词汇、句型、课文；进行角色扮演、词汇对战游戏，在游戏中学习知识；还有作业练习、模拟考试等功能；英语趣配音 APP 主要是支持学生的口语学习，学生可以选择为教材内容配音，也可以选择动画、电影、电视剧进行配音，此外，还内置英语绘本资源和真人外教资源。学习 APP 中学习资源种类繁多、形式多样，师生可以根据教学需要选择学习资源为教学服务。

3. 愉悦的心理环境促进学习发生

许多研究表明，学习者的心理状态是影响学习效果的重要因素。在传统课堂环境下，教师处于主导地位，学生被动接受知识、学习的心理压力较大。相反在无线投屏教学环境下，教师和学生各自拥有自己的平板电脑，师生之间是平等的关系，通过这个媒介距离拉近了许多；且学生之间的互动交流更加方便、频繁，教师和学生都能感受到教学的乐趣，教学氛围开放、轻松，有利于积极的学习行为的发生。

通过以上对于信息化环境构建的讨论，可以清晰地得出结论：在信息化环境下，信息技术一方面促进了学习随时随地发生，另一方面使教师采集、分析学生的学习数据轻而易举。合理的评估手段和评估方式不仅可以为教师提供有益的反馈信息，帮助教师及时了解教学效果，改进教学方法，提高教学质量，还可以帮助学生了解自身的学习状况，调整学习策略，提高学习效率。

第三节　大学英语课堂教学评价改革

一、大学英语课堂教学的现状

（一）应试教学与实际应用能力相矛盾

很多大学的英语授课依然古板，教师的授课模式仅停留在传授书本知识、单词记忆、语法讲解层面。教师为了"教"而教，学生学习的目的就是应对四六级考试、期末考试，如有深造的机会，雅思托福和研究生入学考试也成为学生为何学习英语的原因。现如今很多考试都是凭分数论英雄，在应试教学模式下，学生"死学"的学习模式也注定其英语学习只能触及皮毛，学生的语言应用能力及跨文化交际能力并不能真正体现出来。

（二）学生自主管理能力有限

大学英语线上学习模式给学生提供了一个自主学习的环境，最大限度地拓展了学生自主学习的范围，这也是这一学习模式的优势之一。在线学习对学生的自律性提出更高的要求。然而现实是很多学生缺乏自我管理能力，网上学习开小差。一些教师信息化教学素养差，信息网络技术运用不娴熟，缺乏有效的管理监督措施。部分学生会抄袭答案甚至到网上搜索答案来应付教师布置的任务。因此，基于网络的学习评价并不客观。

（三）课程设置不合理

在大学英语教学中，以新视野大学英语为例，课程内容主要可以划分成三部分：其一，教授英语语言知识。该课程主要是通过教师讲解"新视野大学英语阅读与写作课程"中的词汇和语法等内容，再借助例句的引证来分析相关词汇的用法。其二，提高语言运用能力。该课程主要提供教科书的概览和文本部分，包括听录音以模仿原始发音、后续阅读小组、标记重要句子和翻译完整句子。其三，培养跨文化交际能力。该课程中的跨文化交流单元（主要描述每单元）包含不同的文化知识、写作风格、英语学习策略等。

然而，现阶段部分高校的大学英语课程并没有采取分层次教学，不同专业学生的英语内容是一致的，即没有根据不同专业的教学要求采取不同的教学内容。另外，在课程内容设置上，以基础课程为主，应用型课程的数量较少，并且课程内容也不能满足学生的实际需要。课程设置不能使学生的专业特点与学生需求相结合，也不能满足学生未来发展的需要。无疑，基于单一课程设置的对学生的评价缺乏对教学过程和学生综合能力、素质发展过程的评价。

二、信息化环境下大学英语课堂教学评价改革的实施

（一）推动信息化时代大学英语课堂教学评价创新

1. 推动信息化时代大学英语课堂教学的理论创新

尽管信息时代的技术创新最为引人注目，但要想充分利用信息化的创新技术设备并发挥其在教学评价中的作用，高校英语教学管理就必须在教学理念、教学思维、工作思路等方面，尽可能契合信息化创新思维模式。具体要从以下两方面进行：①

第一，大学英语教学应树立信息化教学意识。具体而言，教师在信息化环境下要积极转变想法，积极主动地适应信息化时代的变化，改变传统的英语教学观念、方法和模式，全面且深入地了解信息时代对大学英语教学的各种影响，最终制定出信息化背景下有效推动英语教学的教学方式和教学设计。

---

① 荣海龙. 基于慕课时代的大学英语课堂教学模式探索与研究 [J]. 中国教育技术装备, 2015 (15)：152-153.

第二，大学英语教学应促进英语教学信息化建设的理论创新。随着现代化教育环境的发展，信息化技术在教育领域广泛应用，使得传统教学理论难以全面解释和解决信息化时代教学新现象、新问题，这就要求高校及教师顺应时代要求，积极推进英语教学信息化研究的理论建设，从而在创新理论研究成果的基础上，更加科学合理地解释和解决信息化时代教学的新问题。

信息化教学理念的创新，激发了学生学习兴趣和自主学习能力，同时也注重创新思维和创新能力的培养，使形成评价的发生成为可能。

2. 推动信息化时代大学英语课堂教学的实践创新

通过分析可得出，对大学英语教学有效性的研究最终目的是教学实践的改革，即学校、教师主动认识信息时代技术手段的新变化，引进新的英语教学信息化方式方法，并结合实际教学创新英语课堂教学的内容和形式，以激发师生参与信息时代技术手段的新变化，从而在"教"与"学"的互动中取得更好的教学效果。

以大学英语课堂混合教学模式为例，在大学英语课堂的混合教学模式中，教师需要在信息技术的帮助下，借助在线英语教学的信息技术和交流平台，运用线上、线下混合教学模式，提升英语教学效率。这种混合教学模式不仅有助于学生思维的拓展，鼓励学生自主探索和学习，而且有效地促进了大多数学生在英语课堂上的深度学习，有效地促进了混合英语教学的实施和发展，提高了教学的信息化水平和教学有效性。混合式教学模式使课堂评价和课后评价相结合，综合全面地对学生学习过程中表现出的情感、态度和价值观做出客观的评价。

3. 推动信息化时代大学英语课堂教学的平台创新

高校教师要想有效地保障和支持大学英语课堂教学理论和实践的创新，在课堂信息化教学的基础下，还应合力构建一个具有开放、包容、高效等特点的大学英语课堂线上交流平台。具体途径如下：

第一，经验分享平台。大学英语课堂教学效果的研究应该是一个持续推进和优化的过程，高校应构建良好的教研与经验共享平台，以促进英语教学信息化创新的长效发展。

第二，优化教学体系和管理机制。一般来说，高校英语课堂教学信息化实践的实现都需要有较好的教学体系和管理机制。在这一条件下，英语课堂教学的实践创新才能有序地展开，教学设计才更加稳妥，从而达到预期的实践目标与计划。

第三，构建信息交流平台。在信息化环境下，高校英语课堂教学应建立"教""学"之间平等互动的信息交流平台，扩展传统英语课堂教学内容，使学生能够更加灵活地展开自主学习和深度学习，这对增强课堂内外英语学习效果十分有利。

平台的创新拓宽了评价领域，从不同角度将一个相对较长的学习阶段划分为一系列短暂的阶段进行分别评价，并将评价过程贯穿于学习始终。

（二）推动网络平台与大学英语教学结合

1. 听力评价

听力训练是指通过各种声音刺激受训练者的听觉器官。在传统的大学英语教学中，听力训练主要集中在多媒体教室。在这一问题上引发了许多问题，具体如下：一是上课地点受限。受到多媒体教室封闭的环境和设备的影响，师生难以做到有效、及时地进行交流，学生注意力容易分散，导致教师在教学过程中不能有效地调动学生的积极性；二是课程材料陈旧没有吸引力，无法拓展新的知识，使得学生容易失去兴趣。目前，利用网络平台解决上述问题是一种行之有效的方法。

在信息化环境下进行英语听力训练，可以通过构建线上教学平台实现：老师们可以在课中和课后及时上传各种最新的听力材料；学生可以在手机和电脑上随时查看，根据自己的能力选择一个或多个练习。同时，在网络资源较多的前提下，听力课的深度和广度得到了很好的扩展，不再局限于固定的空间和时间。教师甚至可以在课堂上分配独立练习时间，然后提出材料相关问题与学生交流，弥补了由于学生水平参差不齐，导致教师教学设计难以协调的问题。

听力评价更须形成评价。事实证明，实施形成性评价的课堂上学生的学习收益显著提高，同时还发现评价的反馈信息对听力稍弱的学生帮助更大。

2. 口语评价

口语训练在传统教学中的难点在于：在课堂口语训练的设计上，教师在一定程度上会考虑课堂数量和学生的表达意愿，这是关键素养。特别在当班级内学生人数较多的情况下，教师无法有效地将口语训练落实到每个人。在实际训练中，只有积极性高的学生表达意愿强，能很好地配合教师完成教学环节；而内向、不自信的学生由于自身因素很难得到口语练习，甚至因为积极性的同学做得很好而产生自卑心理，导致他们更害怕犯错，选择逃避或压抑表达的欲望。

由于目前在网络平台上逐步开始应用人工智能技术，大大减轻了上述所提出问题存在的可能性。在这一技术的应用下，在进行线上教学时，老师随时发布口语作业，训练可以围绕具体的话题或是单纯要求学生诵读课本配套的字或词组。同时，每位同学也可以使用语音功能上传他们的作业。现阶段，线上教学软件层出不穷，如笔者所用的上海外语教学出版社大学英语配套的网络平台，在这一平台上教师可以轻松批改语音作业，并根据其发音的准确性评分。此外，在线上平台进行口语任务时，学员可以进行充分准备，这不仅可以提高其表达愿望，而且还可以纠正自己的发音，对英语口语能力提升有着事半功倍的效果。

采用形成性评价对口语能力的评估对教师来说可以增强教学互动，缩短信息沟通周期；对学生来说，则可以增强自信，帮助了解学习进展，确立努力方向和方法，提高口语表达能力。

3. 写作评价

与口语训练存在的问题相似，在传统课堂写作训练中教师也受班级人数和教学时间的限制。具体来说，在日常教学过程中，教师教学时间和教学经历都十分有限，因此无论是写作训练的次数，还是写作批改的质量，无法充分满足每个学生的需求，导致学生英语写作能力很难有大的提高。实际上，对没有专门写作课的大学英语教学，要想获得有效的写作训练是非常困难的。

这时候网络平台的智能批改功能就表现出明显优势。例如，教师可以借助手机教学软件蓝墨云随时对学生的写作训练进行批改，打破了时间和空间限制，使得学生可以很快收到写作反馈，从而总结自己的写作过失和优点。同时，在这一软件批改下，教师可以就学生写作总结成报告，并在其中标明学生的拼写及语法错误，甚至可以逐句提出学生作文中的修改建议，使学生可以更加清晰地了解写作错误。再举例来说，基于语料库和云计算技术的机改英语作文在线服务系统的批改网，其工作原理是将学习者在线提交的英语作文与语料库进行对比，再经过云计算生成分数和点评。批改网有学生端和教师端两个界面，其主要功能是智能批改、实时生成作文的分数、评语，并按句点评、智能反馈。该系统在学习者提交作文后，即可对其进行个性化的评估和反馈；学习者对同一篇作文可以进行无数次修改，且都可以得到实时反馈；而且该系统具有即时性、互动性，以及经济、省力、省物等优点。其在英语教学中的应用主要集中在语言处理模块，大体上包括口语和写作两个方面。写作方面主要是通过利用计算机技术对语言进行智能分析，尤其是翻译、词汇、语法等方面，从而对英语作文进行智能批改，提供相关修改建议。

第五章 信息化环境下的英语教学模式改革

第一节 教学模式概述

一、教学模式的概念

最早提出教学模式概念的是美国教育家乔伊斯（Joyce）和维尔（Ville）。[①] 他们首先对教学模式进行了定位，认为它就是指教学计划和范例，并指出教学就是构造课堂环境，对能力、兴趣、需要各不相同的学生的学习进行有效组织的过程，教学模式则为组织教学环境提供一定的结构、程序和步骤。同时，乔伊斯（Joyce）和维尔（Ville）把教学模式分成社交、信息处理、个体和行为系统四种类型。在不同教学模式的应用下，教学效果通常也会不同，对学生产生的影响也是不同的。

关于教学模式的概念，国内不少学者也提出了自己的观点：有人认为教学模式可以是一种教学方法，也可以是一种教学程序[②]；有人则提出教学模式就是一种教学方法。最常见的定义是：教学模式需要在教学理论的指导下创建，是设计、组织和规范教学活动的标准模式，是从教学经验中提取和概括的，需要加以解决教育活动有关类型、方向、结构、方法和过程等的一系列问题。

现如今关于教学模式的研究已经趋于稳定化的状态，主要的观点包括：教学模式是一种程序；教学模式是一种方法；教学模式是一种程序经验等组成的系统。在结合现有的关于教学模式概念的基础上，本书认为教学模式是在一定教学理论的指导下，通过构建各种类型的教学活动，最终实现特定教学目标的程序体系。

二、英语教学模式的方法

（一）发挥自主学习，搭建英语教学平台

兴趣是学生最好的老师，激发学生对英语感兴趣的方法主要就是创造良好的语言环

[①] 百度百科：https://baike.baidu.com/item/%E6%95%99%E5%AD%A6%E6%A8%A1%E5%BC%8F/5268353?fr=aladdin.

[②] 祁淑楠.5E教学模式在高中自然地理教学中的应用研究［D］.西宁：青海师范大学，2019.

境，充分利用互联网资源，将网络中的音频、视频等结合到教学实践中，给予学生丰富的视听盛宴，使学生处在外语大环境中进行学习，调动其学习的主动性和积极性。另一方面，由于高校部分学生的自主学习积极性不高，自律能力较差，因此除了为学生创造良好的学习环境之外，老师还须对学生进行一定力度的监督及督促，通过建立一些网络平台对学生进行定期检测，为他们的学习起到督促作用，并且须与学生保持良好的交流沟通，方便指导学生学习，为其答疑解惑。

在信息环境下的英语教学过程中，教师不仅要运用新的教学手段，创新使用个性化的英语教学模式，而且还要引导学生学习，从而培养学生自主学习能力和学习的积极性，最终达到提高教学效果的目的。目前的问题是学生面对海量的网上资源不知如何选择，教师的作用就是帮助学生筛选适合学生实际英语水平和能够触发学生学习兴趣的网络学习资料。在信息化英语教学中，不仅教师要发挥网络资源的优势，而且学生也要发挥自主学习能力借助线上学习软件积极拓宽眼界，探索新的知识领域，改善自己的知识结构，实际应用以掌握语言技能，从而培养学生英语的综合能力，提升学习效率。

（二）建立学习小组，充分利用网络资源

现如今高校学校的英语课堂一般人数较多，教师在教学过程中难于管理，不利于对学生施行因材施教，学习小组的建立可以解决这些大班授课的问题，培养学生的团结合作能力，提高学生的团队意识，达到学生之间优势互补的效果。网络教学不仅为学生分组学习及与教师及时沟通提供了便利，而且对教师的教学资源整合做出了巨大的贡献，教师在课堂授课时可以直接结合互联网中的教学资源进行讲解，并且还可以完成远程授课及指导。

三、英语教学模式的种类

（一）任务型教学模式

任务型教学是指教师通过引导语言学习者在课堂上完成任务来进行的教学。这是20世纪80年代兴起的一种强调"在做中学"的语言教学方法，是交际教学法的发展，在世界语言教育界引起了人们的广泛注意。其中，任务教学中的"任务"是这一模式的核心。任务型教学具有以下特点：

第一，目的性。在任务型教学模式应用下，教师应充分发挥学生的主观能动性，为学生提供足够的语料和详尽的语境，让学生可以将在日常工作以及生活中所遇到的情境与课堂教学紧密结合，让学生可以自发、主动地进行有目的性的构建，而不是机械式地接受老师准备好的知识。在这一学习过程中，学生占主要地位，是他们通过自身的思考、努力的探索、踏实的实践以及努力的总结来获得所要学习的知识。

第二，交际性。在任务型教学模式中，授课教师布置各种需要思考才能完成的任务，

而学生通过完成这些老师布置好的任务来达到提升自己的交际能力的目的。这些任务是从日常人们交往中提炼出来的任务，在具有现实意义的基础上，还具有教学意义。同时，基于任务型的教学模式可以提高学生参与交流活动的热情，并使他们在接受新事物的同时表达自己的想法。

第三，合作性。在基于任务型教学模式中，教师分配的所有任务都是小组成员协作共同完成的。这种形式的任务分配主要是为了培养学生的团队合作精神，并将学生之间的个体竞争转变为各小组之间的竞争，让学生设身处地以小组成员的身份进行思考，找准自身在小组中的定位。同时，这样的任务布置方式也能有效地避免学生由于自身的短板而无法发挥出其全部潜力，实现让学生达到课程学习所期望实现的目标。

（二）体验式教学模式

体验式教学本身就是将知识理论融入实际生活情境中的一种教学方式，也可以看成是一种模拟实战演练，但是也需要实际规则的制约。也就是在使用体验式教学方式的过程中，教师需要以教学内容为基础制定出符合实际生活情境的规则，并将之运用到学生的演练实战中。在英语教学中运用体验式教学模式分配对应的角色，然后设置场景，但要注意应保证生活和现实的亲和力最大化，同时教师需要作为指导者，全面掌握教学的具体进度。体验式教学注重感觉体验，鼓励学生自我探索，具有体验性、亲历性、互动性、全程性和寓教于乐的特点。

（三）情境法教学模式

情境也可称为情景，寓情于景，融情入景。在学习英语时，可以通过设计一些真实性的具体场合与情境，让学生在具体语境中感受教学，从而为英语教学提供充足的实例。情境法是一种可以让学生通过情境的演绎将自我代入到学习之中，将自我的角色与作者角色进行替换，从而更好地体会到英语的生动与准确。

语言的学习必须在特定的情境中实施。因此，在学习中生成语境和话题，并创设真实的语言环境是语言学习的根本。在英语课堂中设置真实的情境，我们可以运用以下教学模式：口语交际中引入话题、活动中学习生词、问答中理解新句型、练习中检测新句型的理解、交际中运用新句型。情境交际模式应用于英语课堂教学，不仅能够提高学生的学习兴趣，而且可以提高英语学习的效率。

（四）互动教学模式

互动式教学，让学生从被动的知识接收者逐渐向主动吸收者转换，突出的是学生在互动中的主体性，只有学生成为教学课堂中的主体，才能真正实现教学中的"互动"。因此，互动教学模式的构建关键在于使课堂的"教师中心"向"学生中心"转移。互动教学模式不仅是教学方法的改革，还是师生人格平等的教学改革，特点在互动，重点是平等，内容开放、动态且不断发展的教学过程。在此过程中，师生之间的关系和互动得到协调，师生互动、学生与学生之间的互动以及学习中介与个人环境之间的互动形成教学的共鸣，并达到教学效果的一种教学模式。互动教育模式是现代教学发展的主要成就之一，它以学生为中心，通过教师的教学启发和引导，双方共同完成教学活动和教学互动，通过教学互动增加交流沟通，实现在互动中完成教学任务，同时能够增进师生情感的科学有效教学方法。互动模式广泛应用于现代基础教学、职业培训和成人教育，尤其适用于外语教学，符合二语习得规律。

第二节 中小学英语教学模式改革

一、传统的中小学英语教学模式的弊端

（一）教学内容不丰富

中小学英语教科书的内容多年来没有变化，许多老师坚持"备课一次，受益良久"的原则，每年的教育内容和教育设计将遵循初始课程准备的结果，随着时代的发展，对更新教材内容的回避态度也是学生信息素养发展的主要障碍。此外，教师的教学内容主要是教科书，缺少学生对现实生活的融合和实用性的体现。而且，课程之外的教学知识却很少关注学生的学习兴趣。

（二）教学方法浅尝辄止

大多数教师对英语教学的方法运用不是很熟练，不能实现课堂活动的多样化教学，例如，我们可以针对学生的兴趣爱好开展相应的教学活动，对发音、词汇、语法知识和听、说、读、写等设计各种形式的技能。上课前，教师很少安排预览任务或及时获得学生作业的反馈情况；课堂中，老师很少在课堂上进行互动交流活动；课后，师生之间很少交换反馈意见。此外，一些学校引入了基于信息技术的教学方法，教师还不熟悉其应用，尤其一些年长教师倾向于使用传统方法来检测教育效果。对教育资源的发掘也显示出疲倦的迹象，英语学科的人性化和现代信息技术的技术性所造成的融合障碍使许多教师望而却步。

（三）学生自主性无法发挥

在当今的中小学英语课堂中，我们可以看到传统的教学系统没有改变。在实际的常规课程中，即使教师想在课堂上让学生扮演积极的角色，教师的教学仍在不知不觉中占据了课堂的中心。在英语教育中，学生主要是教师教授内容的被动接受者，学生的主体作用并未得到充分履行。老师的讲课时间太长，学生参与课堂互动的机会更少，在整个课堂教学中教师依旧是主导的位置，这是英语教学效果不佳的主要原因之一。

二、如何实施中小学英语教学模式改革

（一）利用远程教育资源提升课堂质量

近年来，越来越多的远程教育资源出现在我们身边，例如，在高等教育界已经开始兴起的慕课教育形式正逐渐传播到中小学；教育部的"一师一课，一课名师"活动为师生提供了更多优秀老师的课堂示范；中国移动教育门户网站，如"和教育""中国教育在线""大家学习网""中华网教育"等为学生提供了一流的学校资源、著名老师的现场直播和名师导学，为老师提供了智能教育项目，如教学设计、在线作业和智能组卷，为学生和老师提供了许多宝贵的学与教的经验。

（二）线上线下相结合

教师可以将相关的教育资源上传到整个班级，通过提前查看课程的预览内容，学生可以改善他们的知识获取和自学计划。同时，通过查找、分析和解决预览过程中出现的问题，可以提高学生的实践能力，实现课堂逆转并增强学生的自主学习能力，将传统的教学学习模式转变为学习——教育——学习的模式。在线上和线下教育相结合的新型教学模式下，课堂教学不再局限于课堂这一教学场所，其主要环节转变为讨论、分析、延伸、实践等，有效提升了学习效果。

有效利用互联网共享资源，可以将教室中未列出的知识点从应用程序推送到班级，学生可以独立学习，上课时间有限，但学习无止境。实现资源共享，其目的是为了实现"互联网+信息学习"的目标，学习不仅限于教科书，而是有更多的学习空间，让学生在知识的海洋里扬帆。

（三）智能化技术模式

除在线教学模式（如慕课、微型课程和翻转教室）外，网络学习还包括一对一的在线英语教学、知名老师的在线讲座和培训课程的在线教学。相对于传统教学模式，其优势包括以下几方面：教学时间灵活、教学内容宽泛、教师选择多样以及教学客体适用等。

三、信息化环境下教学模式的改革建议

伴随着信息技术与教育的融合，互联网在教育领域的作用日益突出。一方面，在教学手段上，信息技术改变了教学手段，丰富了教学方法；另一方面，由于网络教学资源丰富，为教师拓展教学内容提供了便利，同时也拓展了学生的知识储备。基于此，在网络环境背景下，传统的中小学英语教学模式已经不适应当今教育的发展，教师需要结合学生的学习特点，改变教学理念和原有教学模式，引导学生科学合理利用网络学习资料，提高中小学英语课堂教学水平，扩展学生视野，激发学生学习英语的兴趣，有效提升教学效果。

(一)借助网络资源的整合性教学内容开展

在"互联网+"的教育背景下,中小学英语教师要能够借助教学资源的价值来进行英语教学内容的科学性整理与融合发展,将课题理论的讨论与实践活动的发展进行有机结合。以此来加强有序化教学方式的应用提升,以此来让学生能够通过中小学英语相关理论知识内容的学习来进行综合素质能力的提升与整体性的发展建设,让学生能够在信息化英语教学的过程中,促进教学价值与综合性能力的体现与整体性的布局。

教师在此过程中,还可以在当前学生实际学习状况和学习能力体现的基础上,对学生进行针对性的教学方法和教学措施的应用,以此来加强教学课题的有效整合与实践性的发展,明确课程教学过程中的重难点问题,以此来实现课题教学内容的有效性指导措施。在实际课堂内容讲解的过程中,教师还要根据教学内容借助相关的"互联网+"辅助工具内容来进行课堂知识点内容的动态讲解,明确学生当前课程中需要掌握的重难点内容,进而充分吸引学生的注意力,让学生树立独立思考问题的能力,促进班级中不同层次学生的有效性教学内容发展与完善。

(二)智慧课堂教学模式

对于智慧课堂的概念[①],这里从信息角度进行分析,从而得出其基于动态学习数据分析并结合教室实际应用的智能课堂。换言之,智慧教室是建立在大数据和人工智能等互联网信息技术之上的,并且被用来整合信息技术,如"云计算""大数据"等新一代的信息技术。它整合了中小学英语教学过程,创造了一种新型的、智能的、高效的课堂环境。课堂英语教学模式,重点在于智能基础架构、高级教学管理、个性化英语教学、动态学习数据分析、即时评估和反馈、3D交流与互动以及智能资源推广。基于现代教育背景下,我们将全面创新教学内容,建立大数据时代信息化英语课堂教学模式,具体步骤为:首先,将信息技术有效地整合到英语教学过程中;其次,创造一个基于信息化的英语教学环境,不仅要能充分发挥教师的领导作用,而且要强调学生的主体地位;再次,创新一种可以完成的独立、研究与合作的教育和学习的特色方法,充分展示了学生的主动、热情和创造力;最后,改革传统英语课堂教学结构,即"教学主题组合"的教育结构将取代"以教师为中心"的教学结构。

---

① 张艳. 中学英语智慧课堂的建构研究[D]. 重庆:重庆师范大学,2018.

第三节　大学英语教学模式改革

一、大学英语教学模式的现状

在现代信息技术的背景下，广泛的知识中出现了拥塞现象。今天的新生代可以说是一群"互联网土著"，网络伴随他们的成长过程，因此他们对新技术及新技术趋势，都有非常快的接受能力。社交网络、手机游戏、网络音乐和各种电子产品都是他们日常生活的重要组成部分。所以，当我们的教育客体是新生一代的"互联网土著居民"时，传统的以教师为中心的教育模式很难打动学生，也无法有效地传达和吸收信息。问题主要集中在以下几个方面：一是英语教科书的内容已经过时；二是教学方法单一；三是教育观念滞后；四是缺乏教育技能；五是实践渠道狭窄。

传统的大学英语教学主要采用一种将理论和案例研究相结合的模式，逐步进行理论教学，支持案例分析和课堂实践的教育模型。课堂以老师为中心，学生是被动的听众。在这种教育模式下，学习英语是消化并理解老师教过的内容，教师将学生视为渗透语言知识的对象，而忽略了学生对学习语言技能的掌握，这是机械地发展技能，仅仅只能培养出有思想、有感情、有需要、能沟通的学生，而不能培养出具有主观能动性、自主性和创造性思维的学生。教师不遗余力地实现最大化学习者的学习时间，减少或避免互动环节，但是这种教育模式过于单调和过时，学生难以参与，并且容易分散他们的注意力，教学效果将大大降低。

学生对学习的兴趣不足，主动学习意识弱，并且对传统的教育模式产生依赖心理。从学生参与时间和学习方法的角度来看，对学习的兴趣明显不足，学习主动性较弱。在老师的教学中，学生仍然依靠传统的教学模式，缺乏积极思考英语问题的动力。许多学生认为，如果详细记录了课堂中英语老师的重要内容，就可以进行考试。这些误解和被动学习倾向取决于个人对英语知识的渗透程度，也是影响大学英语教育质量的重要问题。此外，调查发现学生的课外学习时间有限，自学效果不足；学生通常对课堂上的教育评估机制满意度不佳。

二、大学英语教学模式改革应该注意的问题

（一）改革传统教学理念

在大学英语教学中，教师需要积极改革英语教学观念，准确重新定位英语教学目标。它改变了以教师为中心的教育模式，并坚持了学生在课堂教学中的主要作用，老师只是学

生学习的组织者和向导,他们积极参与教育过程,并专注于发展学生的英语知识和应用技能。在大学英语教学中,应注意英语教学的实用性,教师需要弄清学生的职业状况和实际的市场需求,以便学生能够了解当前市场就业状况以满足他们的英语需求,以"专业"为导向设置大学英语课程,更新大学英语教学理念。学生有明确的学习目标和方向,并结合有效的教师教学方法,将英语教学内容与就业实践相结合,以丰富教育并提高学生的英语运用能力。

(二)传统教学模式不可或缺

就现代教育现状来看,尽管传统课堂教学模式暴露出许多问题,并且在信息化时代下已经不能完全切合发展的需要,但在日常教学中也不能完全抛弃它。事实上,传统教学模式只要运用得当,仍旧可以在教学发挥出其教学优势,甚至可以弥补线上教学模式的漏洞。举例来看,学生一般可以通过线上教育平台进行自学,但由于学生自身水平知识的限制对于所掌握的理论知识可能存在理解不到位的问题,甚至产生错误的理解;部分高校学生在学习过程中存在一些生涩或抽象的理论问题,需要教师的启发和指导;部分自制力弱、自学能力较差的学生,采用自主学习的方式学习没有帮助,智能借助教师的限制才能取得一定的学习效果,等等。此外,在传统课堂教学上,教师与学生还能进行面对面的交流和讨论,有效地拉近师生之间的感情,并且教师可以直接参与学生学习,使得学生有强烈的参与感,激发学习积极性。因此,线上教学的最大弊端是不能进行能力实践,对技能的培养存在一定限制。

综上所述,在现代教育背景下,教师也不能盲目否定或抛弃传统教学模式,而是实现传统教学模式与现代教学技术的创新融合,多采用启发式、交流式、讨论式的讲授,削弱传统教学的弊端,体现"以学生为本"的教学原则。

(三)采用多种教学模式相结合的新型教学体系

信息化环境下,高校应将传统教学模式与其他教学模式实现有机结合,具体是以传统教学模式为主,其他教学模式为辅,只有这样才能充分综合两种模式的教学优势。在实际教学中教学模式具体整合的方法多种多样,就英语学科而言,教师应根据英语专业的特点、课程性质和教学目标等方面,精心设计和实践教学过程,从而提升教学效率。

三、信息化环境下大学英语教学模式改革

(一)优化互动教学活动设计

识别"问题"是发展教学互动的条件和基础,为了确保交互式教学实施的有效性,教师需要根据专业人力资源开发计划和课程标准的要求来设计教学内容,并关注"热点"和"难点",精心设计互动式教学活动。英语互动教学设计必须有一个明确的目标,教学设计

的任务和目标应紧密结合高校学生学习英语的兴趣和热情为出发点，再以英语语言实用技能的掌握和输出为根本目标。教学互动活动的开展不应只为了活跃课堂气氛。在实际的英语教学中还要根据高校学生的不同专业分层分类进行教学和设计活动，如会计专业，可以设计与其相关的互动活动，以会计的专业用语来引导学生了解相应的词汇和语句，以及一些特殊英语缩写和专业写作，这就需要针对专业的特点进行教学设计，在设计活动中不断展开来实现，比如，针对税务的相关词汇，与词汇相关的常用例句，这些例句组成的常用短语和报告，并可以设计工作相关的岗位进行沟通活动。即分成税务人员、税务助理、税局工作人员等工作相关岗位进行专业沟通，实现语言教学目标的同时培养职业与专业语言应用能力，让学生自觉自愿学习英语。在教学设计的过程中，还要考虑到不同学生的基础问题，针对性地推进教学活动，减少学生的学习压力和增加学习动力。在互动活动设计中，还要注意由于互动可能引起的不利于教学因素，不能在教学过程中出现混乱现象，注意控制教学目标实现的过度互动安排。

教学设计的作用就是实现教学目的，互动式教学设计应根据教学目的进行教学活动设计，在教学活动中设计学习互动，必须控制好活动的内容，互动的时机合理，互动的效果如何，活动的设计是否能调动学生的学习积极性，是否符合专业教学的要求，学生是否有兴趣学习，教师需要了解学生的专业需要，英语学习需要，兴趣和爱好，需要不断观察学生的互动反应，在教学中寻找学生关注的内容，学生的问题有哪些。此外，如何让学生投入到互动活动中，在活动中互动，在互动中学习，充分调动学生的积极性也是精心教学设计的一部分。教师需要根据学生的特点和专业特点，营造专业相关的英语活动，利用英语活动了解专业的英语应用内容、英语应用的情境、英语与专业相关训练，摆脱传统的教学模式，根据专业特点的项目化教学内容，进行项目的教学活动设计。根据学情分析与专业特点，进行互动教学活动的模块化设计，通过系列教学活动项目化设计，使学生能够尽可能多地学习专业与企业需要的英语知识与应用能力培养，以达到相应的专业英语教学效果。与此同时，互动教学是教学过程的互动设计，还需要由多种教学方法来共同完成教学，需要结合教学的需要适当采用合理的教学方法。如互动教学分配学生任务要合适，要有挑战性，教师要科学引导学生投入到互动活动中，根据学生的情况，采用合适的教学方法，不断调整教学过程管理方法。如对基础较弱的学生，在前期的活动准备中以激励交流为目标，可以用传统教学中的命令方法，随着学生的变化和能力的提升，布置稍微难度大的交流互动。通过布置作业以及课后辅导的方式进行上课前的准备，以便教学过程中更好地互动交流，让学生在课堂互动中更加自信。当然，学生的差异不仅体现在英语基础上，语言学习的能力和天赋差别，学习动力上的差别，都需要教师采用适当的教学方法，准备丰富而有差别的教学内容，及时对学生的关注，先进合理的教学设备与工具的使用。上好一次互动教学课程要求教师准备很多利于教学的备课工作，以及课后消化需要的文献、参考资料、外文刊物、英语网络材料等，扩大学生的英语语言学习的工具，引导学生利用工具，用自己独特的学习节奏和方法快乐学习，都是互动教学设计必须考虑的内容。

另外，高校英语教学互动的设计还要考虑人数和教学设备，针对不同的班级人数，开展不同的活动方式，争取小班教学模式，尽可能多用辅助设备来配合教学互动，利用先进的教学设备，结合互动教学的方法和周全的教学准备，让学生轻松学习，自信学习。

（二）提高学生在教学互动中的参与度

互动教学是一个全新的过程教学方式，具体表现为教师的主导施教和学生的主体认识相辅相成的课堂活动过程，即"教"和"学"之间相互联系，相互促进，有序发展的整体性活动。通过调节师生关系及其相互作用，形成和谐的师生互动、生生互动、学习个体与教学中介的互动，强化人与环境的影响，以产生教学共振，达到提高教学效果的一种教学法。随着素质教育的深化，课堂教学产生了深刻的变化。过去的课堂教学由于受传统的应试教育的影响，注重于"苦读+考试""计算+逻辑"的教学思路，课堂上满堂灌，实质上是灌输式，学生仍处于被动地位。为了培养学生的自主意识和创新能力，随着课改的要求，社会对人才的需求，而"互动式"教学模式顺应了时代的发展，强调在教师教学过程中学生的主动参与，尊重学生的主体地位，力争做到教师与学生、学生与学生之间在教学过程中的互动，从而实现培养创新型人才的终极教育目标。

结合高校学生的英语学习特点，我们可以从以下几个方面努力让学生"动"起来，以提高学生在互动教学中的参与度。

第一，"动"在教学热点上。在选择教学内容时，教师应考虑学生熟悉的主题和内容，以及与学生的专业岗位有关的热门话题和问题，这使学生可以表达自己的观点并参与其中。如果学生对主题生疏或所设计的互动活动脱离现实需要，互动就可能开展不起来。当然教学中也必不可少地会涉及学生不熟悉的领域方面的问题，对于这类问题教师可提前布置给学生预先准备，指导学生借助信息技术手段获取知识或者是开展生生互动，让学生互相交流。

第二，"动"在教学重点上。教学设计与实施过程中对教学内容重难点的把握是学生的素质和能力提升的关键因素。教师通过深入理解教学大纲和教材，掌握重点和难点，使所设计的互动活动更具有价值，避免流于形式或未能促进学生学习效果的互动。

第三，"动"在教学疑点上。教学疑点既是教学内容的组成部分，也是有效激发学生思考和探索的重要条件之一。所以，在教学互动活动中，教师可以对某一部分的知识点设置合理的疑问，让学生自行解决问题；或基于不完整的内容设置教学情境，让学生发现并自行提问，充分发挥并进一步培养了学生独立思考和互动学习的能力。从教学结果来看，借助问题和未知内容,学生对教学内容更加敏感,更容易产生学习兴趣,同时通过互动,又可以有效激发学生的探索欲望和创造性思维,从而培养学生的开放性思维能力。此外,教学疑点这一教学方式还利用人为设置问题和悬念这一功能,鼓励学生积极参与,发现问题,提出问题,并寻找问题的答案,同时通过与师生的互动,引导学生自主思考、解决问题,这也是互动教学模式的基本内容。[①]

设计教学疑点不仅是互动式教学中固有的要求,而且还是大学生提高认识和强调其在课堂教育中的主要地位的基本方式。只有当学生真正成为教室和学习的主人时,互动式教学才能有效开展。为了让学生参与互动探索和学习,我们还应确保多边互动,鼓励每个学生积极参与,而不仅仅是教师和个别优秀学生之间的互动。对于不积极参与的学生,教师可以使用"投掷绣球"即点名指定的方法来触动他们思考和回答问题。提高互动教学的全员性、广泛性,也是检验互动教学效果的重要指标之一。

(三) 设置合理的教学目标

教学目标是评价教学任务完成情况的指标,国家对高校教育提出了"实用为主,够用为度"的高校普通英语教学目标,是对高校教育和学生情况分析后的人才培养要求,实用与够用是以职业人才为实际出发,对职业技术人才培养目标的合理要求。也就是说,高校的英语教学还是有一定的目标要求,只是以实际应用需要基础上的英语理论要求,明确不同的专业英语教学目标,针对专业交流需要的知识目标,在专业特点的基础上明确教学目标和任务,根据教学目标制订教学计划和互动活动的内容设计,从专业性、连续性角度,借助充分的时间要求完成教学任务。当前高等院校由于专业性教学要求,突出以实践、实习为主的专业能力培养,高校的公共英语教学课时也被不断压缩,那么如何在有限的教学课时内完成高校阶段的教学目标也是开展互动教学过程中需要认真思考的问题。

教学目标的设置既要结合高校英语的教学内容,同时也要考虑高校学生的英语学科基础、学习能力、兴趣爱好和专业就业岗位的需求等因素。互动教学模式强调"以学生为中心"的教学原则,其教学活动目标的设置更应该紧密围绕以上各个因素。首先体现在教材的选用上,高校英语教材的选用须结合专业的需求,理工科专业应突出学生将来就业岗位的内容,如学科专业术语的认读,专业英语的读写技能,教材的话题与语言功能等。而商务管理类教材的选用则应更紧扣职场的交际英语教学内容。当然教材的内容与活动安排都应是便于教师开展互动的。此外,教师在完成对教学内容的选择后,要对学生的英语学习基础进行评估,并根据学生的具体情况适时调整教学内容的难易程度,制定科学的教学目标,如果学生的基础较好,设置目标过低,学生将会失去学习的动力;与此同时,如果教

---

① 邓元媛,唐红祥.基于经济学拔尖人才培养的"西方经济学"课程教学改革探讨——以广西财经学院为例[J].就业与保障,2020.

学目标设置得太高，没有结合学生的实际情况，学生很难实现，也将挫败学生的自信心，渐渐地磨灭学生的学习兴趣。

（四）构建高效的课堂互动组织形式

1. 交互模式在英语教学中的适当性

英语教学是以学生动口和动手学习的课程过程，让学生能够自如地运用听、说、读、写的综合的学习能力，而通过动口和动手的方式，可以实现这一过程。由于学生的英语水平参差不齐，更突出学习伙伴选择需要和合适课程互动的重要性。一是为了维持学生对英语的学习兴趣，二是达到高校公共英语的应用能力培养目标。

2. 清晰的指令给予

互动教学是在一个动态的环境下进行的，如果没有清晰的指令下达，将造成教学过程的杂乱无序，无法正常开展互动教学。教师对教学互动中各种指令的清晰下达，有利于教学任务的清晰布置，有利于教学互动的顺利进行，如何把握教学指令的下达，还有很多需要考虑和认真设计的内容：如指令的简短和准确，指令不能过长，否则学生不能够及时获取和领会，指令准确包括指令设计准确和发送时机的准确，如果学生的注意力没有在教师身上，或者学生专注于进行的教学活动中等，在这些可能会造成指令失效或延迟的情况下，教师不应该下达指令。

当然，指令下达的有效性也要求教师要参与到教学互动中，交代指令的解释和演示，也需要进行身体和语言互动配合，需要明确和简短的指令，要求学生明白互动过程的控制，活动的目的、步骤和要求，并且要确认学生是否真正听明白。教学在互动活动中还要监控教学活动的开展情况，学生对教学指令的实践活动中的理解体现，以及规定的活动时间内是否完成活动任务目标，以及学生对教学指令的反馈等。

3. 学生座位的合理编排

互动式教学还要考虑互动活动中学生角色的搭配，针对教学活动角色设计需要进行学生选择和分组，加上高校学生英语基础差异因素，教学设计中要进行教室的选择和学生座位编排，教室选择以宽大、周围安静和不干扰其他教学活动为主。宽大的教室方便互动教学活动进行，方便互动活动的调整和重新组合，在教学活动中各小组的互动空间大，方便互动小组教学活动，不易受到其他小组活动的影响，也不能影响外界的教学。另外，教室的布置不能只依据学生的成绩安排，更应该考虑学生的身高、视力、听力等基本生理状况，教学桌椅也应选择以体积小、质量轻的单人桌椅为好，方便互动活动小组重组与空间设计的桌椅移动和排列。另外，学生的座位编排也有一定的技巧，以方便小组组合和拆分为主，如单数组和双数组人员的调配和重组，不能对教学活动因准备而造成太大影响，也不宜使用过于固定的实训教室,以免限制教学互动的人数调整和活动的实施,座位的安排以教学为中心,以互动活动为主题,将互动活动需要的成员按照方便排列的座位次序安排好,减少过多的准备和调整时间,达到以最短的准备时间为目标,进行学生座位安排管理。互动形式是教学方式的重要构成,需要注意实用的结构,让学生在教学过程中动起来,来达到互动教学的效果。

4. 责任到人、合理控制活动时间

高校学生英语基础差异决定了教学模式的选择,也限制了学习任务的安排,针对英语基础不同的学生布置不同的学习任务,通过小组任务的完成实现共同成长的学习过程,这就需要针对学习任务的不同,设计不同的学生角色,根据学习在小组的特点,选择出合适的小组责任人,既要保证学习过程的一起进步,也要保证不同基础的学生共同学习,还要保证能力较强的学生有足够的学习量。要求责任人要在规定的时间内严格按要求完成学习任务,并及时确认任务的完成情况,以及是否需要调整学习任务,保证学生在都能够完成任务的情况下,投入尽可能多的精力到学习中去。

(五) 加强师生情感互动

情感是人与人之间比较微妙的内容,好的情感可以使教学互动与沟通取得好的效果,师生、生生间的情感达到最佳状态,将有利于教学活动的开展,有助于活动任务的达成,有利于建设开放、互动、和谐的教学心理环境,实现教学过程中以学生为中心的活动开展,形成良好的班级学习气氛,实现学生心理健康发展。

1. 互助的师生关系

教育活动中最活跃的元素是学生与学生之间、老师和学生之间的关系。师生之间以及学生之间的和谐关系是建立在相互协商和互助基础上的。在教学活动中,通过师生、学生与学生、个人与团体的互动,协作学习和真诚的沟通。在教学过程中,坚持"以学生为中心",鼓励学生在课堂上积极提问,参与小组合作讨论等活动,关注学生课堂学习的精神状况和情感态度,在前面章节的调查结果已经显示部分学生对于英语学习的态度是比较消极的,也不愿意参与教学互动活动。当然这对高校学生来说原因是多方面的,但是作为教师则有责任和义务鼓励和关注每一位学生参与学习,不应该把关注点只放在某一些学习成绩好的且愿意学习的学生身上。同时,学生在学习过程中出现困惑和难题的时候教师也应及时和积极给予解答或引导,或者引导组织生生之间的互助互动,从而营造良好的学习氛围。

语言教学除了教授语言以外,语言教学还包括基于与某些教学法基本原理相关的社会实践,基于学生未来发展的教学是教育的精髓。在高校英语教学中,教学的主要媒介是教材,教师在教学准备阶段对教材即教学内容中提炼的情感态度对教学实施阶段的情感互动起到关键作用,教师对教学内容体现的情感的正确分析及把握决定了教师在互动过程中信息的传递指引,同时也能对学生反馈到教师及同学的信息能有全面的掌控,以达到符合教学目标的互动,从而避免流于形式、漫无目的或偏离目的的互动。与此同时,教师在对教学材料所隐含的情感态度进行分析的时候也应从不同的角度去考虑,包括教师自身的经历、学生的认知水平、现实的情况以及将来工作学习的需要等方面。如在"Workplace Communication"这一课题中,教师可引导学生从日常的交流冲突情境进行讨论再创设职场情境,通过对相关教学材料的学习了解以后工作中即职场的内部外部交流冲突也是必不可少的,在互动的教学过程中掌握职场冲突的应对方法,在完成教学材料的学习后,教师可根据此话题再设计拓展延伸互动活动,引导学生用哲学的角度思考问题,不管是人生的哪一个阶段矛盾冲突无处不在,在教学过程中注重学生与教师产生情感共鸣的积累有助于建立牢固的师生互助理解关系。

互动教学模式就是师生间的思想和情感交流的过程,突出了情感互动重要性的教学模式,是实现学生热爱、喜欢学习的重要方法,也是现代教育对教学过程的重要要求。师生双方相互喜欢的情感交流,可以促进相互间的感情更加深厚,深厚的情感更好地促进教学互动开展,激发师生双方对对方的喜爱,爱屋及乌地发展为对课程和学习的喜爱。在这样的教学情感环境下,必将产生一个积极向上的学习气氛,克服了传统教学方法教学中,由于缺少情感交流产生的学习逆反心理,甚至放弃学习心理。尊重是建立在双向和平等的基础上,尊师是学生的本分,教师也应尊重学生,教师应该为人师表,通过用心教授学生,关注学生的进步,通过不断地激励学生,通过对学生的教育、培养获得对教师的尊敬,在教学互动中对学生取得的成绩及时表扬学生和激励学生,是对学生的付出与成就的尊敬,形成友好互动中的相互尊敬,教师营造教学气氛和不断巩固学生对英语的喜爱,形成师生友好、关系融洽的师生关系,不仅可以让学生在学习氛围不断向更融洽发展的环境下学习英语,更能抵御学生形成不良心理和厌学问题等,避免学生因厌学而产生逃学、旷课等问题,以及由这些问题产生的其他社会问题。

2. 课堂话语平等的环境

由于受传统教学模式的影响,教师教学过程的主讲角色还是在一定范围内存在,教师以"满堂问"课堂教学过程中话语权过重,缺少学生的课程参与,形成了一言堂式的满堂灌。其中一部分的互动活动还是以教师为主体,根据教学过程的学习管理需要,而设置为提高课堂纪律的简单提问与回答。教师的问题多数是一些启发学生的、与教学知识相关的封闭式问题,学生只是根据教师问题进行回答,基本以基础知识和简单的知识扩展为主,互动的内容比较固定,学生很少有发挥和扩展的机会,更没有质疑和反问的可能,一直跟着教师的思路走。互动问题答案只有教师能够解决,学生只能跟着教师的节奏进行有限的发挥，就互动问题与互动交流的内容，教师极少关注学生的情感变化，限制了学生的学习思维扩展，阻碍了学生英语发散思维的发展，限制了学生语言能力的提高。

互动教学需要师生平等的环境，只有在师生平等的基础上才能顺利开展互动教学活动，教师需要注意互动中的信息确认、信息核实和信息理解，学生需要积极配合。如果在互动的过程中师生间出现不平等，必将产生学生对教师的敬畏，互动中表现对信息的处理方式小于对人际处理的重要性，产生信息处理过程中的教师认知。学生根据教师的认知更新自己的认知，使得信息过程的形式化，产生互动效果的表面化，进而出现师生理解差异的无法协调性。学生不愿协调理解分歧，也无法获得协调分歧的机会。只有师生间的平等才能保证信息的合理处理，师生间才能有准确的信息交流，出现理解分歧才有协调的机会，才能解决互动交流的困境，协商理解分歧的信息处理，使互动交流不断深入。

（六）创设多元学习评价机制

教学评价直接影响学生的学习目标、动力和效果。教学评估的主要作用在于促使学生意识到自己的优点与弱点，帮助学生在这个过程中调节学习方法和策略。传统的教学评价体系主要以学生的考试成绩为主，侧重学生理论知识的掌握程度，反映学生掌握知识的情况比较片面，也让学生没有充分的动力完成平时的课堂学习任务与课后练习活动。而英语互动教学过程是一个建构的过程，师生在整个过程中处于一个互动交流的状态，因此，有必要将多种评价相结合，采用过程性评价，以激发学生的学习动力，提高互动教学的有效性。具体来说，它可以分为纵向和横向两个维度，纵向维度从课前、课中和课后三个方面来评估学生的学习态度、学习习惯、学习方法和学习效果，横向维度采用线上与线下相结合的多种技术手段来进行评价。整体上则实现质化评价与量化评价的结合。

纵向维度：课前评价，教师提前进行互动教学的相关设计，在课前通过话题引入等形式，组织学生进入到课前准备中，这时可以确定学生的投入情况、参与度、资料的收集情况等。在课堂评价中发现并肯定学生的优点，教师要细致观察学生的表现，注重形成性评价而非用统一的标准来评价所有的学生。课后评价一方面是对学生课后任务完成的评价，另一方面则是对于整个纵向维度的课前、课后、课中的综合性评价。这几个阶段的课堂评价需要与横向维度的具体评价手段相结合，采用教师评价和学生互评等方式一起进行。

横向维度：互动教学的特点不仅实现了在课堂上的多向交流，同时也有利于教师在课外可以充分利用网络信息技术掌握学生课后的学习情况或对教学的反馈信息，方便与学生进行沟通，实现多维互动。根据互动教学的特点，横向维度的评价则是线上和线下评价的结合。教师既需要对于课堂现场中学生的表现反馈进行评价，同时也可以利用网络平台学生的互动参与，根据网络大数据形成量化评价。

对互动式教学的整体评价而言，一般采用结合量化和质化评价的方式进行。[①] 其中，质化评价包含了一种价值取向，在整个评价中需要以质的评价为导向，以"以学生为中心"为核心理念，即注重对学生的整体过程性评价，并且注重形成性和发展性评价，因此其也可以看作是一种定性评价。量化评价则一般较多运用在具体的评价中，如学生成绩，而在现代化技术应用中，量化评价拓宽了评价范围，即可以利用网络大数据，客观量化地收集学生参与互动的次数、频率、内容，从而判断学生的学习积极性。

[①] 黄冕. 论生成课程观的构建 [D]. 昆明：云南大学，2019.

第六章 信息化环境下的英语教学手段改革

第一节 教学手段概述

一、教学手段的概念

在日常教学中,教师或学生通常借助不同的物质工具和技术媒介来完成教学任务、提高教学效率,即教学方式。根据不同的分类方式,教学方式有多种类型:按教学用时的不同,可划分为两种类型——传统教学法和现代教学法;根据技术媒介的感觉器官,可分为三种类型——视觉手段、听觉手段和视听手段。[①]

二、英语教学手段的发展历程

(一)石器木器时代

在原始社会的早期,社会发展水平较低,在此期间主要是制造和使用石器和木制品,语言和文化水平也很低,知识的呈现方式主要是动作和语言。因此,这一时期的教学方法和手段主要是面对面的指导、示范和模仿,主要是提供经验和技能,并享有受教育的权利和平等的机会。

(二)金属时代

由于青铜器、铁器的发明与使用,这一时期的生产力大大提高,人类社会进入奴隶社会,文字也随之产生。技术的进步导致教育手段也发生了变革,甲骨文、钟鼓文、丝帛文、简牍文成了这一时期知识的主要呈现方式,教学手段以文字书籍和书写记录为主。这一时期,教育出现了垄断,学校产生以来存在着知识和教育为少数强势地位的人、少数发达地区把持的特点。

(三)造纸印刷术发明时代

进入封建社会后,造纸术和印刷术等具有革命性变化的技术被发明使用,于是文化知

---

① 蔡小峰. 教学手段的历史发展 [J]. 教育评论, 1991.

识的保存与传递形式也发生了根本性变化。随之发生变化的是,教师集中讲授与学生记诵成了现阶段最主要的教育手段。

(四) 电气化时代

进入近代社会,文明传存的技术又发生了一次汇总大变革,从纸质时代过渡到了电气时代,于是教学手段由原来的纸质媒介向幻灯、电影、录音、胶片等形式转变,声、光、电等手段和技术被引入教育领域,幻灯教学、电影教学、录音教学等成为新型的教育手段。

(五) 信息化时代

伴随着社会的发展和技术的不断创新,人类社会进入了以信息技术为中心的一个崭新的时代——信息时代。现阶段,包括电视、多媒体、软件、网络、数字信息以及远距离传输等媒介手段不断涌现,并在多个领域中应用广泛。以教育领域为例,产生了诸如远程教育、电子课程、电子平台、知识电视、虚拟教室、虚拟学校、软件、数据等方式。目前,创造互动式教学"空间"等教学形式已成为教学的主要手段。[1]

三、教学手段的特征

(一) 动态性

教学手段的动态性主要体现在以下几个方面:一是教学手段是在教学活动中产生并加以运用的,是伴随着教学活动的开展而形成的,因此,只要开展了教学活动,就一定会产生教学手段;二是教学手段的产生对教学活动的进展、效果等将会产生重要的直接影响,并且随着教学活动的全过程展开;三是教学手段的运用是随着实际教学活动的发展变化而变化的,在实际教学活动中往往会不断交叉使用不同的教学手段。

(二) 组合性

教学手段的动态性决定了它在教学活动中要根据实际教学活动的变化而有所改变,因此,在一个完整的具有生成性的教学活动中,并不是只运用事先预设好的一种教学手段,而是根据教学变化生成性地运用多种教学手段。同时,一个完整的教学活动是丰富多样的,往往具备多种不同的教学形式,而从另一方面来说,这往往是教师运用了多种教学手段的结果,这也是教学手段的组合性。

(三) 功效性

教学手段是教师用来帮助学生在教学过程中更好地完成学习任务的基本方法,其作用

---

[1] 张传燧. 行走于传统与现代之间 [M]. 长沙:湖南师范大学出版社,2005:12.

评价的重点在于学生学习的实际结果。这就说明，教师在教学过程中不管使用什么方法、手段或其他教学设备，都会向学生提供新知识，以实现使学生学习知识和掌握技能的目标，是为了帮助学生更好更快地接收新知识，这也反映了教学手段的有效性。

如果不关注功效，教师完全可以在教学活动中使用单一的教学手段，但正是由于教学手段的功效性，教师在组织教学活动时，为了使学习效果达到最佳，往往选择交叉组合运用多种教学手段。

第二节 中小学英语教学手段改革

一、现代化教学手段在中小学英语教学中的优势

目前教育教学与信息技术实现了紧密对接，这一点能够为教学改革提供全新的思路和空间。现代教育教学手段发展迅速并且越来越丰富，教师可以主动利用丰富多元的表现形式和素材，转变单一成本的课堂氛围及环境，让学生能够在活跃的课堂氛围中激发个人的热情及动机。

（一）有利于革新传统教学方式

英语是一门实践能力较强的学科，语言的学习与形成往往需要一定的环境来促进。对母语非英语的学习者来说，环境是英语学习的一个重要的影响因素，学习者往往只能通过英语课堂来学习和练习英语。在单一的传统英语教学中，学生往往容易丧失对英语的学习兴趣与动力，使教学效果大大打折。中小学正处于英语学习的入门阶段，母语对学生的影响比较深刻。因此，在学习英语知识时，学生面临诸多困惑。传统课堂教学以出板书和语言表述为主，整个知识点的讲授进度较慢，这一教学模式不利于学生学科展现力的提升及逻辑思维能力的培养。学生日常接触英语的机会较少，认知能力较为有限。很多学生对英语学习存在许多陌生感，英语与汉语的表达方式存在明显差距。学生对认定英语用语习惯的了解较为浅显，经常出现两种语言相混淆的问题。其中现代化教学手段主要以互联网和多媒体的综合应用为主体，将图像、音频、视频相结合，多重刺激学生的感官，帮助学生全面地掌握课堂内容。

（二）有利于启迪学生思维

在中小学英语教学中使用现代教学方法，打破了传统的教学模式，充分调动了学生的学习积极性和主动性。学生生活背景和学习经历的差异导致他们各有长处，中小学的传统英语教学通常在大班上进行授课，很难适应学生之间的个体差异。现代教学方法的应用可以改变这种情况，教师利用互联网和现代教学技术实施分级教学，为具有不同基础和特点

的学生提供有针对性的教学，使学生展示自己的特长并发挥自己的优势，最后实现全面发展。另外，传统的课堂教学离不开英语课本，许多教师没有突破课本的局限性。在社会快速发展的过程中，英语教材变得越来越陈旧，同时滞后于时代，出现了许多的突出问题。教学内容改革备受关注，现代化教育教学手段能够更好地丰富教学内容。教师可以利用互联网中的海量信息，选择与学生日常生活密切相关的知识内容，引导学生自我认知，扩大学生的认知范围。让学生在思考和联想中主动简化知识点，其中学生知识体系的构建工作也得落实。这种教学模式能够有效地启发学生，培养学生积极思考的行为习惯，加深学生对知识点的理解。

（三）提高教学效率和学习效率

通过现代化教学手段在英语教学中的应用，教师在教学的过程中应用多媒体等教学方法，可以不断地将更多的课外知识以视频、图片等多种形式引入到课堂的教学当中，通过相关课外知识的讲解与课堂知识的关联，让学生产生兴趣，不仅能更好地将学生的学习效率得到提升，同时教师的教学效率也能得到提高。所以教师在制订教学计划的过程中，应该多安排一些形式多样化的且与课堂内容相关的课外知识或是教学活动，让学生能够更主动地融入到课堂的学习当中来，同时教师应该更熟练地掌握和应用现代化教学手段，做到全面提升教学水平和学生的学习效率。

二、现代化教学手段在中小学英语教学中的应用

（一）围绕学生需求开展教学设计

要想推进教学改革，教师需要适应时代发展的需求，努力掌握教学创新以及教学质量的提升策略。作为一线教师来说，需要突破教学传统的束缚，避免做井底之蛙，不断进行教学探索。首先，教师应树立创新精神，主动接受新的事物。其次，教师应结合学生的需求，明确前期的教学设计目标，充分利用现代技术手段。此外，对中小学生性格特点的研究是教学设计的基础，教师应设计增加交流互动的机会及环节，鼓励学生主动参与，帮助学生深刻理解英语知识。

（二）提升教师新技能应用水平

不可否认的是，部分教师对现代技术存在畏难情绪，没有充分利用现代技术开展教学活动。这一问题的出现主要在于教师对信息技术的应用能力不足，并且认知较为片面。对此，教师需要主动学习新的教育技术，注重后期的学习及升级培训；积极阅读教学书籍，参加课内外公开课，确保自身能够灵活运用新教育技术及掌握最新的教学理念，巧妙利用现代化技术来丰富教学内容，多维度地展示教学知识，整个课堂教学会变得更加富有趣味性，并且师生互动频率较高，课堂气氛非常活跃，这一点也能够充分发挥出现代信息技术

的作用及优势。教师新技能应用水平的提升能够有效突破传统教学模式的障碍,为课堂教学设计提供转向标。

教师须利用各种教学平台及社交软件与学生时时沟通,了解学生在学习中遇到的难点,及时提供帮助,确保高效教学。不同教学手段的作用非常独特,但是每一个教学手段以及教学技术都存在一定的不足,教师需要注重客观分析和灵活调整,只有这样才能够实现对症下药。

(三) 科学把握创新尺度

对于现代化教育教学手段来说,教师需要以丰富的教学内容、全新的表现形式、便捷的信息传递为目标。但是,现代化教学手段的利用频率并非越高越好,教师需要控制好使用的度。如果出现了不当使用以及过度使用的问题,极有可能会产生负面影响,严重的甚至会扰乱整个课堂教学秩序。对此,教师需要注重对创新制度的分析,抓住有利时机,适当合理地融入不同的现代教育技术,利用这些现代先进的教育技术手段降低学生对知识的理解难度,全面提升学生对重点知识的关注度。充分发挥现代信息技术的辅助作用,能够让学生变得更加主动和积极。其中教师对学生特点的分析也非常重要,这一点能够为教师创新尺度的把控提供更多的依据和指导。

在中小学英语教学中,现代化教学手段的利用有明显的作用。教师需要重新认识学生的主体地位,根据学生的需求开展教学设计活动,主动提升自身的新技能应用水平,掌握现代化教学手段的操作标准,实现灵活应用。另外,创新尺度的把控也非常重要,这一点是中小学英语教学的重难点,同时也是现代化教学手段作用得以发挥的重要影响因素。

第三节 大学英语教学手段改革

一、现代化教学手段在大学英语教学中的优势

大学生在学习期间,所面临的任务尤为繁重,一方面要掌握专业理论知识及参加社会实践,另一方面又要同时关注行业发展情况,适时安排时间参加一些考试、评定等活动。就课堂教学而言,传统的教学局限于有限的课程安排,并且还要为大量的实践和其他活动挤出时间,因此学生常常被要求在极短时间的实践内完成学习任务,这就给实践和理论学习之间带来了矛盾。而现代化教学手段的应用,可将原本在课堂中难以精要讲解的关键点进行整理,在课外时间为学生提供相应的辅导,以非课堂形式完成教学。例如,英语信息及资讯由于国际社会的变化也容易发生实时变化,因此可利用互联网向学生进行动态信息传递,既可弥补教材中信息恒定的不足,又可以节约课堂时间,同时布置识记任务,可刺

激学生主动学习,实现个性化英语学习。

在教学手段方面,大学英语教学应改变过去那种"一块黑板、一支粉笔、一本书"的传统教学手段和方式,而要采用现代化教育技术,运用多媒体教学手段丰富和改善外语学习环境。多媒体软件集声、文、图、像于一体,资料丰富、信息量大,其内容、使用功能、新颖程度为普通教科书所不及,在教学中显得十分方便。多媒体教学的基本特点是教学信息量大、内容新颖、语言规范准确、反馈信息及时并且可以脱离教师相对独立地进行,从而培养学生自主学习的能力,使他们能够尽快找到适合自己的最佳学习方法。

运用多媒体网络技术进行大学英语教学有助于激发学生的学习兴趣,提高学习效率,并能充分利用资源,丰富英语课堂教学。网络上有大量地道真实的英语材料,涉及政治、经济、社会、文化、科技等各个层面,网络还可以为广大英语学习者创设真实的英语学习环境,有利于提高他们的实际应用能力。学生通过接触大量富有时代性的语言材料,在提高学习兴趣的同时又提高了英语语言能力。同时,通过网络教学学生还能感受文化差异,体验跨文化交际,从而提高跨文化交际能力,在真实的情境中促进听、说、读、写、译等能力的全面发展。此外,多媒体英语教学能够走出课堂,走入家庭,学生在家里可以通过多媒体软件进行学习、练习、辅导和测验,培养和锻炼学生自主学习的习惯,有助于充分发挥学生在英语学习中的主体作用,这些都是传统大学英语教学手段所不具备的优势。

教学模式的改变不仅仅是教学活动或教学手段的转变,而是教学理念的转变,是实现从以教师为中心、单纯传授语言知识和技能的教学模式,向以学生为中心,更加注重培养语言应用能力和自主学习能力的教学模式的转变。

当今以推行多媒体为主的现代化教学已成为英语教学手段改革的标志。越来越多的实践表明,多媒体教学在突出形象化、学习个性化、安排科学化等方面都优于传统的教学模式。虽然引进或借助多媒体教学已成共识,但无论如何多媒体网络教学终究不能代替教师。完善教学手段更重要的还在于人,即教师。现代化的教学手段离不开熟练掌握现代教育技术的任课教师,因此当务之急是要对广大教师进行现代教育技术培训,充分开发先进教学设备的功能,尽快建设起一支能够适应现代化教学要求的师资队伍来。以现代信息技术,特别是网络技术为支撑,使英语教学不受时间和地点的限制,朝着个性化学习、自主式学习方向发展。

同时,向以学生为中心转化,仍旧需要教师课堂讲解,这一点是普遍认同的。问题在于教师在课堂讲解多少,又如何全面向以学生为中心过渡。对于这种教学模式中的学生自主权应该包括哪些内容、学生自我控制的程度如何把握、教师在学生学习中起什么作用、在"以学生为中心"教学模式中院校和教师的权限和作用是什么、如何评价学生学习等一系列的问题,尚须进一步实践和探索。

我们必须认识到，教育的改革涉及社会的认同、思想和观念创新、体制和机制创新、模式和内容创新、方法和手段创新、政策和管理创新。革新与传统、开拓与守旧、探索与反思，内因与外因的冲突和博弈将要有一个历史发展的进程。

总之，大学英语教学改革的目标就是在充分利用现代信息技术的基础上，加强对学生批判性思维和语言能力的培养与训练，将合作性学习融入到教育教学过程中，引导学生具有国际视野及跨文化交际能力。英语教学改革应集多种教学模式、教学手段于一体，以英语语言知识和使用技能、学习策略、文化素质综合培养为主要内容，教师要依靠现代教育理念、现代教学模式和现代信息技术拓展出一个英语教学的崭新空间。大学英语教学改革将在很大程度上突破传统课堂授课的诸多局限，使英语的教和学在时间和空间两方面得到巨大延展，并极大地改变以教代学的单一陈旧的传统教学模式，强调学生在教学中的主体地位，让学生能够自始至终地参与自主教学的决策，能自觉地对自己的学习实施自我坚持和评价，对自己的学习负责，成为学习的主人。

二、现代化教学手段在大学英语教学中的应用

（一）移动学习

1. 移动学习概念

移动学习（Mobile learning），又被称作"M-learning"，是这几年来比较流行的教学模式，它是一种交互式的模式，它可以有效地将传统的教学模式和现代信息技术充分地结合起来。它利用有关无线移动网络设备的终端，给学生讲解比较高效的教学内容。老师和学生可以利用计算机、手机等无线设备实现向上的沟通和交流，这种方式可以保证学生在学习时没有一定的条件限制，移动学习打破了传统课堂学习的时间和空间的限制。移动学习所包含的内涵主要有以下几个方面：

首先，电子学习和无限的形式充分地融合起来，可以让学生学习起来更加便捷。移动学习的模式相对于传统模式来说更加灵活，学生的自主性和交互性得到了极大的保障和提升。其次，传统的教学模式下会受到教学场所的约束，学生只能在课堂上学习有关的内容和知识，移动学习模式有效地改善了传统教学所存在的弊端，学生可以采用各种方式，随时随地地开展学习。最后，通过实际的教学效果来看移动学习模式，充分地利用了互联网技术，一些小型的设备就可以作为学生学习的终端，像手机、平板电脑等都可以。电脑也可以作为学生学习的移动终端，但是电脑的便携性还是有一定的问题的。通常而言，学生会利用手机来开展相应的学习活动，手机很方便携带，能让学生及时地接受相应的知识。[①]

---

① 张丽涛. 微探融合移动学习的大学英语教学新模式［J］. 中国多媒体与网络教学学报（中旬），2021（02）：37-40.

2. 移动学习应用于高校英语教学的重要性

（1）符合大学教学特征。目前，社会和国家普遍需要知识储备广、技能多的优秀人才，而对高校来说，其教育教学的最终目的就是满足社会和国家的人才需求。然而，在实际教学中，教学时间不足严重制约了学生知识接收和拓展的可能性。通常，教学时间与教学内容呈正相关，且教学时间一般都有具体规定，教师无法在一节课上更多地向学生传授知识，这也导致学生想要拓展知识储备和提升技能的目标难以实现。但随着移动学习这一教学方式的产生，使得教师可以在课后增加学生学习更多课程知识的机会，同时还能有效促进学生学习的主动积极性和教师教学的延续性。此外，与中小学阶段的学生不同，大学生在时间上更加自由，他们可以借助智能手机等移动终端来充分利用碎片化的时间学习，从而全面提升自己的综合素质和专业技能。

（2）符合高校英语学科特征。在高校教育教学中，大学英语教学与其他学科关注的重点不同，它更注重培养学生的"听说读写"等语言实际应用能力。然而，就当前大学生英语水平来看，大多数学生英语理论知识非常好，但在口语、听力等实践能力方面较弱，这说明在高校英语课程教学中对实践能力的培养不足。在此情况下，大学生可以借助移动设备进行课后学习，从而弥补课堂教育教学中实践少的弊端。例如，学生可以通过移动终端与同学或老师进行在线交流和互动，提高听力水平和口语交流能力。

（3）提升了高校英语教学的教学效率。现阶段，大学英语教学改革的主要目的为以下两方面：一是提高课堂学习内容的自主性和选择性；二是提高学生学习的主观能动性。然而，在传统的大学英语教学模式下，往往存在只强调教师所教内容的重要性而忽略学生主观能动性的现象，导致教学效果不太理想。随着社会的发展，教育理念发生转变，开始强调学生的主观能动性，即学生可以通过移动学习实现线下课堂与在线学习的完美结合，从而提高学习效果，也从侧面提升了教学效率。

（4）完善了高校学生英语学习的学习方式。在大学生学习英语的过程中，英语大词典是关键的学习工具，不仅可以解决词汇问题，而且可以拓展知识。然而，这一学习工具也存在一定的劣势，即携带不便。但随着智能手机的普及，移动学习软件开始应用在教育领域，从而通过线上平台完美地解决了纸质词典难以携带的问题。具体来说，学生可以在智能设备，如手机、平板等，安装英语线上学习软件，如金山词霸、有道词典、百词斩等。在这些学习软件中，不仅囊括了纸质英语词典的基本内容，而且还有很多英语词库，诸如特四词库、特八词库、GRE词库、雅思词库等，可以帮助学生备考，对拓展知识储备也十分有利。

（5）丰富了高校英语教学的教学内容。在移动学习软件的应用下，大学生借助手机等智能设备可以从移动终端下载有效的英语资源，如英文演讲稿、英文小说、英文电影、英文歌曲等,还可以借助软件内讲话录音这一渠道进行学习,这不仅有助于学生锻炼自己的听力和口语能力,而且还能拓展自己的知识面,充实了自身知识储备。

3. 移动学习在高校英语教学中的实践应用

(1) 在词汇教学中的实践应用。英语词汇学习不仅是大学英语教学的基础,更是培养学生实际运用英语能力的基本条件,因此,英语学习是至关重要的。就大学英语课程的教学而言,英语词汇在很大程度上与学生阅读、写作、口语能力的提高密切相关,应重视大学英语词汇教学。常规教学中,英语词汇教学的最直接目标就是增加学生的词汇量,而传统的英语词汇教学缺乏活泼有趣的特点,学生的学习方法只是死记硬背,没有技巧。另外,由于词汇学习任务繁重,学生学习其他学科的时间较长,致使许多学生在学习英语词汇方面处于被动状态,导致学生学习英语词汇的效率下降。

随着信息化技术发展,在移动学习的环境中,一些学习软件,诸如极光单词和百词斩已逐渐得到开发和应用。该软件将小视频、图片、动画有效地融入英语词汇之中,营造轻松、愉快的学习氛围,提高学生学习兴趣。另外,移动端还实现了教学反馈功能,使大学生能够跟踪和及时反馈自己的英语学习过程。与此同时,大学生可以根据自己的英语水平选择适当的词汇进行学习,极大地提高了学生学习英语词汇的积极性。

(2) 在听力教学中的实践应用。在交际过程中,除了交流能力外,最重要的就是听力,即听力水平的高低对交际能力会产生直接的影响。对英语交际而言亦是如此。在高校英语教学中,听力作为教学核心,具备一定的教学难度。除了教师教学水平对听力有影响外,听力材料的选择也是影响学生听力的重要因素之一。就目前而言,大学教师普遍认可通过慢速英语等网络英语资源的方式,获取额外的与英语课堂教学相联系的听力材料,拓展课程范围,增强听力训练强度,从而在潜移默化中提升学生听力能力。需要注意的是,所选出的英语听力材料具有一定的社会性、生动性和政治性,从而提高了对大学生练习英语听力的吸引力。

(3) 在口语教学中的实践应用。在英语口语学习中,大学生可以通过手机终端得到更加真实的语言环境,让学生学习口语。举例来说,学生能够通过英语与外国朋友直接在线交流。学生还可以通过 APP 或英语口语练习网站纠正不规范的发音。另外,大学生还可以将口语练习资料上传到 APP 或英语口语练习网站,从中获取自己的发音反馈,让学生更有针对性地提高英语口语能力。例如,外研社智慧校园的视听实训智慧学习平台,涵盖生活口语、四六级口语、商务英语、外贸英语、演讲辩论、出国留学、职场英语等模块,一站式满足学生备考、留学、求职、个人提升等学习需求,在强化听说技能训练的同时,培养文化沟通力、批判性思维以及职业素养。

视听实训智慧学习平台,以外研社多年来对外语教学的深入研究为基础,以国家人才培养战略为指导，以提高学生英语听说能力为核心，以机器辅助学生自主学习为方法，针对当前我国高校学生英语听说能力普遍较低，但社会对学生的要求却越来越高的现状而设计。视听实训包含备赛备考、出国留学、校园口语、商务外贸、职场英语等七大内容模块。视频设计短小精悍，引入碎片化、游戏化的学习概念，激发学生学习兴趣。采用先进的人机交互、语音评测等技术手段，完美融合PC端和移动端，为高校学生提高英语听说能力保驾护航。

（4）在写作教学中的实践应用。一直以来，传统的大学英语写作教学主要通过以下步骤进行：首先，由英语老师确定写作主题；其次，大学生在根据写作主题进行写作练习；再次，将写好的文章交给英语老师评价；最后，得到英语老师的反馈。这一传统教学模式存在周期很长、形式固定等缺点。现代信息化环境下，学生可以利用移动设备终端，随时随地确定写作主题，然后列出写作大纲和写作，最终解决英语写作过程中遇到的英语语法、英语词汇和英语作文结构等诸多问题，可以有效提升学生的写作能力。例如，教学中常用的批改网。批改网是基于语料库和云计算技术的机改英语作文在线服务系统，其工作原理是将学习者在线提交的英语作文与语料库进行比对，再经过云计算生成分数和点评。批改网有学生端和教师端两个界面，其主要功能是智能批改、实时生成作文的分数、评语，并按句点评、智能反馈。该系统在学习者提交作文后，即可对其进行个性化的评估和反馈；学习者对于同一篇作文可以进行无数次修改，且都可以得到实时反馈；而且该系统具有即时性、互动性、经济、省力、省物等优点。其在英语教学中的应用主要集中在语言处理模块，大体上包括口语和写作两个方面。写作方面主要是通过利用计算机技术对语言进行智能分析，尤其是翻译、词汇、语法等方面，从而对英语作文进行智能批改，提供相关修改建议。批改网的出现打破了传统教学的模式，转变了师生角色，使教师由以往课堂教学的知识传授者转变为教学活动的组织者；学习者由传统的被动灌输式学习转变为主动的参与者。

（二）多模态教学手段

多模态话语是指利用听觉、视觉、触觉等多种感觉进行交际，具体包括语音、图像、声音、动作等手段和符号资源。① 近几年，一些学校实现了网络全覆盖；教师人手一台笔记本电脑；相当一部分教室配备了相应的电子白板设备或多媒体设备；在校学生都有自己的手机移动端。同时，学校还组织教师以不同程度、不同形式参与信息化技术能力提升培训。这样的条件，为英语教师开展多模态英语阅读教学创造了条件。

1. 课前：师生配合，设置或完成相应的前置性任务

课前预习能够扩大知识面，提升课堂学习效率。如今，多数教师采用的是前置性作业

---

① 周姗. 多模态视角下的俄语公益广告话语分析［D］. 北京：北京外国语大学，2014.

形式，其中包括网络查找资料或阅读教材内容，学生在此基础上完成相应的学习任务。

教师在这一阶段精心设计阅读训练前置性作业。为了让学生更快速地学习、理解阅读材料，教师必须精心设计前置性作业任务，尤其要充分利用现有的信息化手段，让学生通过视觉、听觉和触觉等感官，强化阅读学习。设计紧密联系教学内容的相关问题，并逐步提升问题难度，让学生自己结合前置性任务，通过听、看、读、说，激发其对阅读材料的兴趣。

学生在这一阶段则利用网络开展多模态阅读学习。现如今微信扫二维码，是大家惯用的浏览信息的便捷方法，当然也是英语阅读学习的有效途径。由于在设计前置性作业时，教师提前在后台设置好了相关作业，包括利用在学案导学稿上扫二维码做判断题，利用教材二维码看视频、做回答、短语查找等习题。学生在多模态状态下，利用多种感官对阅读材料进行多维度的初步理解，并将有关答案即时上传。这样既有效利用了信息化手段，又为课内针对性教学提供了依据。

2. 课中：教师主导，研讨或解答阅读材料重难点

第一，教师根据前置性作业上传或上交结果，为学生释疑解答。由于有些题目可以在前置性作业布置时上传答案，如判断题等，教师可以直接了解学生这部分题目的完成情况，因此，教师可以选择性地在课内把错误率高的题目或知识点展示出来，让学生全员或以分组等形式进行讨论，然后教师再予以分析点拨。

第二，根据阅读材料语言知识点的目标达成要求，剖析要点。语言知识点的学习，不能只靠教师"一言堂"。课内如果一味地让教师讲解、学生听记，那势必会对学生的思维发展造成阻碍，学生自主学习能力难以培养。因此，教师需要在教学目标设定的基础上，运用多模态教学手段，给学生提供特定的网络环境和媒体手段，围绕知识点与能力培养，生生之间、师生之间进行探讨和解析。

第三，利用现有资源和环境，多方位培养学生在信息化背景下的学习能力。在现有条件下，教师在进行阅读教学时，可以有意识地引导并培养学生借助网络开展学习的能力。教师可以在课后围绕语法点、知识点进行检测，检验学生的语言运用水平。针对检查结果，教师可以针对重点进行进一步分析，如再次讲解学生正确率低的知识点。同时，学生在完成练习的过程中，可以利用手机，通过班级群内PPT的要点回放，自行解决疑难问题。当然，也可以通过手机中的英语学习软件浏览器等途径查找并解决遇到的问题。长此以往，教师就可以逐渐培养学生在信息化背景下的英语学习习惯和学习能力。

3. 课后：教师引导，回放疑难点或延伸拓展阅读能力

一方面，引导学生针对疑难问题，回放PPT，自主复习，巩固新知。大学生英语学习状态是参差不齐的，每次的新授内容，总会有部分学生存在这样或那样的问题，这实属正常，但关键是如何做好查漏补缺工作。借助信息化手段，课后回放PPT以及反复观看微课

或视频等,仔细消化知识点。不同英语基础的学生,可以根据自己的实际情况选择学习的时间、进度和观看的次数,实现个性化学习,从而真正解决疑难点,提升学习成效。另一方面,引导学生通过网络学习,自主探索新知识,拓展延伸知识体系。一般情况下,大学阶段每周只有两节英语课,时间是极其有限的。因此,学生知识的积累、知识面的扩大,远不能局限于课堂。这就要求教师引导学生养成"有问题,网上找,想学习,网上查"的习惯。学生通过网上查找资料后,可以发现一些教材中的知识点进一步探索,长此以往,学生的知识面就更广。

(三) 网络媒体

1. 利用网络媒体进行演示教学

在网络在线媒体演示过程中,教师需要设置和调整所有学生的教学内容,课堂教学仍以学生为主体,教师需要发挥自己的主导作用。多媒体教学示范是对传统黑板板书教学模式的延伸和实践,网络媒体的作用主要体现在使板书更加生动、形象和活泼。学生在上课中,通过教师合理的设计安排来进行有效的学习,通过教师生动的教学方式,活跃课堂气氛,让学生能够切身体会到网络媒体教学是接近学生生活的实际教学方法。

2. 利用网络媒体教学创新与拓展

网络媒体教学手段的应用并非是片面地将一些网络媒体技术和工具所展现的内容,直接在课堂上呈现出来,而是要寻求一种创新与拓展。所谓的创新分为两方面:一是教学内容的创新,即把网上的教学内容根据学生的实际水平和专业进行更新。二是教学方式方法的创新,改变原有的课堂、实践和考试的模式,课堂教学、互联网教学、真实实践、网上虚拟实训、线下考试与考证、线上不定期测试等为一体的"双线式"模式。例如,由传统模式下的教学和实践环节主要负责学生的基础职业能力培养,而通过网络手段(主题网络、论坛等)对学生发布课外或实时课程任务,并且可开发各类问卷、试题,在学生自主参与答卷时检查学生掌握知识技能的程度,也可额外开设一些与本专业相关的专题,诸如行业时事新闻、政策变化、榜样人物轶事等,主要目的是对学生的行业意识进行熏陶。另外,教学方式的拓展,现代化教学中经常提及的"多媒体教学""翻转式课堂""远程教学"等,更多的是尝试一种教学形式的变化,以延长教学时间或者是通过精简不必要的教学行为来提高效率。网络媒体的应用,不仅可以使教师在设计教学过程和内容时能够获得更多的参考,同时也能够直接利用庞大的网络资源信息来补充或更替教学内容。英语课程在实际教学过程中因时间、空间的限制,学生获得的实践机会和用以对比的实践示范较少,因此教师有计划地引用或向学生推荐相关的视频资料、图像资料等,可以让学生获得更多的体验。

3. 利用网络媒体教学来进行分组协作教学

日常教学的过程中，教师要在传统的教学方法的基础上来运用网络媒体教学。学生在出现疑问时，可以利用网络媒体来帮助学生。教师也可以通过网络媒体对学生的课堂表现进行实时的监控。在课堂中可以进行小组讨论，通过分组学习让学生之间进行有效的沟通和交流。在学生分组讨论的过程中，教师做出适当的指导，对讨论结论较好、有创造性的见解给予肯定和适当的夸奖鼓励，并在班级中展示交流，让学生能够把课堂与生活相结合，展示出了网络媒体教学的生活化特点。学生在网络媒体教学的探讨过程中，大胆地发表出自己的实践经验来供其他学生进行讨论，广开言路，还能够带动学生的课堂思维，在轻松的学习环境中，让学生与学生之间形成互帮互助的局面，也能更好地促进学生对新知识的学习，避免了传统教学给学生带来的压力和久而久之让学生产生厌学的心理，增加了学生共同合作能力和组织荣誉感。对于教师而言，利用这种网络媒体的教学方式，可以及时地了解学生的学习情况，并且对学生存在的问题给予及时的纠正和引导，让学习变得生活化，让学生在生活化的交流互动中更热爱学习。

（四）计算机辅助教学

随着信息化时代的发展，在教育领域普遍采用计算机网络技术与传统英语教学模式相结合的教学方式，这不仅缓解了教师的工作压力，而且在一定程度上提高了学生学习英语的兴趣，甚至有效培养了学生英语实践能力。相比于传统教育模式在教学过程的诸多限制，线上教育不仅资源丰富，而且可以供学生随时随地查找学习资源，很好地扩展了他们的兴趣。除此之外，网络教育还具备生动性、灵活性和趣味性特点，促使学生拓宽眼界，拓宽知识储备。总而言之，现代信息化环境下教育的成功不仅是互联网的力量，也是现代计算机网络教学技术优势的充分体现。[①]

1. 现代教育手段

教师借助计算机现代教育手段在教学过程中播放幻灯片或卡通片，不仅可以激发学生的学习兴趣，而且对学生的学习积极性也很有帮助。这样一来，学生在上课的时候就比较容易集中精神来听课，使得对于教授的知识更容易记住。而且在老师使用计算机技术授课的时候，可以随时在互联网上进行相关知识以及各种资源的查找，这样不仅仅能提高学生学习的兴趣，而且还提高了教学质量，所谓一举两得。

2. 积极引导学生自主学习

只有提高学生主动学习的思维和他们的逻辑思考，学生才真正地懂得如何学习。自主学习和思考是那些热爱学习人的普遍特点。在教学时，教师需要根据学生的能力进行教

---

① 王杰.5G时代背景下大学物理实验教学改革的研究［J］.通讯世界，2020.

学，鼓励每个学生的长处，并帮助他们纠正缺点。

第一，鼓励学生大胆探究，寻求新知。学习不仅是为了获取知识，更需要探索新的知识和领域。现在计算机网络技术非常发达，我们可以通过互联网学习更多新的知识。科学家之所以对知识有如此透彻的理解，是因为他们有着坚忍不拔的探索精神。学生学习也是如此，遇到任何问题，都要不断地探索，不断地突破，直到完全弄懂。在这一过程中，将会得到许多宝贵的经验和快乐。

第二，鼓励学生大胆质疑，乐于思考。在学习中，没有谁的答案是绝对正确的。教师应鼓励学生要敢于表达自己的见解，要自己动脑子去思考，要研究别人的对与错，然后融入自己的见解，并且勇敢地表达出来。在课堂上，如果课堂太过于严肃，这样严肃的课堂虽然看起来纪律很好，但是严重限制了学生思考问题的能力。一个愉快轻松的氛围，学生的脑细胞会更高效地思考和记忆，太过严肃就压制住了思考能力。学生和老师应当互相视对方为知己，这样就减少了内心的隔阂，一个好的课堂，学生应该会各抒己见，尽情地表达自己心中的想法，而不是去死记硬背书上的东西。

第三，鼓励学生大胆创新，自主互动。在课堂上，教师要鼓励学生学会创造性的学习，学生只有拥有创造性的思维模式，才可以将自己的潜能得到激发。通常情况下，教师如果在学生解决不了问题的时候，都是直接把答案写明，这样做是没有好处的，学生直接得到答案，这就缺少了一个探究的过程，学生就不理解得到答案的过程，这是没有意义的。相反，在学生解不出答案的时候，如果教师只提供提示，慢慢引导学生一步一步地把整个过程梳理下来，然后再得出答案，学生则是找到了解决问题的方法。

第四，鼓励学生自主学习，独立探索。从上面也可以看到只有学生独立地学习，才可以更好尽快地掌握知识点。所以在现代社会，教师和家长应该放开学生，让学生独立自主地学习，教师应该起着引导作用，让学生对学习产生兴趣，这样才能实现独立探索，并且养成终生学习的习惯。教师要根据不同学生不同的基础和不同的学习能力，给他们提供解决方案，让学生的思维得到启发，引领学生找到解决的方法。对于走错路和遇到困难的学生，教师应该给予鼓励和指点。教师可以将学生分成学习小组，团结协作，一起研究问题，解决问题。分组学习不仅培养了他们的团结协作能力，而且能激发他们的学习兴趣。而事实证明，用团队分组的方式进行学习，可以促进学生的学习热情，而团队内部和团队之间也存在竞争，每个团体、每个人都不会甘心落后，都会努力去争取第一。

第七章　信息化环境下的英语课程资源改革

要想学好一门语言，学习者需要投入大量的精力和时间涉猎丰富多样的课程资源和海量的基础知识等。对英语学习而言亦是如此。其中，就英语课程资源而言，英语课程应为学生提供海量、丰富和友好的学习资源。除课程学习之外，学者还应创造性地利用视听、广播、电视、书籍、报纸、杂志和网络信息等开发现实生活中的英语学习资源，拓宽学习和使用英语的渠道。

第一节　课程资源概述

一、课程资源的概念

（一）资源

对"资源"的解释来源有很多种。其中，《辞海》是这样定义资源的："资源的来源，一般指天然的财源。"[①]《汉语大辞典》则将资源解释为："生产资料或生活资料的来源。"[②] 通过众多学者对"资源"的解释定义，总结出其内涵可分为两方面，分别叙述如下：

（1）资源指一国或一定地区内拥有的物力、财力、人力等各种物质要素的总称，具体可划分成自然资源和社会资源两大类。前者如阳光、空气、水、土地、森林、草原、动物、矿藏等；后者包括人力资源、信息资源以及经过劳动创造的各种物质财富等。[③]

（2）资源是计算机系统中硬件和软件的总称。如中央处理器、数据库、存储器、输入和输出设备以及各种系统程序软件等。[④]

根据以上内容对资源定义的理解，在这里给出资源在本书中所表达的含义：资源是指人类可开发和利用的一切物质、信息和技术的总称。而信息化环境下的英语教学资源是英

---

① 陈至立. 辞海 [M]. 上海：上海辞书出版社，2020.
② 杨改学. 解读信息化教育资源 [J]. 电化教育研究，2009（03）：12-14.
③ 百度百科：https://baike.baidu.com/item/%E8%B5%84%E6%BA%90/9089683?fr=aladdin.
④ 百度百科：https://baike.so.com/doc/3867650-4060389.html.

语教育中资源的一种,是包含于英语课程资源的。

(二) 教学资源

不同的学者对教学资源有不同的定义。在《教学设计原理》一书中,教学资源的定义如下:教学资源是指支持教学活动的各种资源,可以分为人类和非人类两种资源类型。①其中,前者包括教师、学生、研究小组等;后者则是指不同的媒体资源、不同的教学材料和设备,包括多媒体、不同的社会教育机构、图书馆、博物馆、少年宫和文化中心等。教学资源是课程教学过程中所需的必要一环。教学资源为课程教学提供支持,并为教学活动提供资源支持。普通教学资源可以对不同的教学程度进行分类,包括硬件教学资源、软件教学资源、隐藏软件教育资源以及数字和非数字化资源等。

从上述的论述中可以看出,教学资源不管怎样界定,它都有一个共同的特点,它是教学活动中必不可少的支撑。因此,在这里我们给教学资源的定义为:教学资源是指为教学活动的有效开展所提供的各种各样的素材以及各种可以利用的条件。它包括了教材、图片、课件、微课短片、教学案例等,也包括了教师资源、教具、各种教学设施设备等。②当然,从广义的角度来讲,国家颁布的相关教育政策也是教学资源。因此,教学资源包括了一切有利于教学活动发展的物质条件、自然条件、社会条件及人文条件,是教学内容与教学信息的主要来源。教学资源帮助学习者或教导者达成自己的目标,对教学活动具有显性或隐性的影响,是教学活动中的组成要素之一。

(三) 课程资源

1. 定义

新课改倡导的课程资源是改革的核心部分,目前国家颁布的各学科的课程标准都包含了"课程资源开发利用"的内容。课程资源,是指一切有益于课程和教学的资源和人才,它是进行课程和获取教学信息的关键,因而也可以看作是教学资源。关于课程资源的概念,下面将从广义和狭义两方面进行详细说明。

课程资源从广义角度分析,主要是指有利于实现课程目标和教学目标的各个部分,其中包括两个方面。③

(1) 它可以用作学习和教学内容的材料,例如教科书、课外阅读、视听材料、报纸杂志、广播和电视节目等;

---

① [美] 罗伯特·米尔斯·加涅. 教学设计原理 [M]. 上海:华东师范大学出版社,2018.
② 张克鋆. "适以相成"促精品——浅谈适应自分教学形势的精品课程开发与研究 [J]. 黑龙江教育学院学报,2014.
③ 山香教师招聘考试命题研究中心. 江苏省教师招聘考试专用教材 教育理论基础 2016 最新版 [M]. 北京:首都师范大学出版社,2015:09.

(2) 课程资源指的是一些物质条件和设施,以促进学习和教学的顺利开展,如教室、桌子和椅子、视听设备、网络和图书馆等。

课程资源从狭义角度分析,仅指构成课程和教学因素的直接信息资源。

2. 特点

课程资源具有不同的特点,如具有广泛性与多样性、客观性、不确定性等。

(1) 广泛性与多样性。课程资源的广泛性是指,课程资源的范围广泛,而多样性是指课程资源的类型多种多样,如文字资源、信息化资源、物质资源等。

(2) 客观性。课程资源是社会历史发展中客观存在的,它不以人的意志为转移,如信息化的教学资源技术是社会历史发展的产物,是信息技术发展的教学中的应用。

(3) 不确定性。课程资源在不同的发展历史阶段中,对其具有不同的解读,相对历史这个大范围来说,课程资源具有不确定性。

3. 课程资源的分类

对课程资源进行类型划分,不仅可以有效提高资源的利用效率,而且可以更好地对课程资源进行开发,因此十分有必要。对不同的内容从不同的角度进行归类和呈现,主要可以划分为以下四个方面:其一,根据空间分布可以划分为校内课程资源和校外课程资源两大类型;其二,根据功能特征可以划分为素材性课程资源和条件性课程资源;其三,根据存在形式可以划分为显性课程资源与隐性课程资源;其四,根据载体可划分为人力、物力和知识资源三种类型。①

(1) 按空间分布不同划分。①校内课程资源。校内课程资源是最基本的资源,主要包括专用教师、学生团体、图书馆、实验室、信息中心和网络等。②校外课程资源。校外课程资源是对学校课程资源的补充和扩展,具有补充性和可扩展性。它主要包括家庭、社区、研究所、工厂和博物馆等。

(2) 按功能特点不同划分。①素材性课程资源。素材性课程资源是学科课程最直接的资料来源,主要包括书本教材知识、网络素材资料等。②条件性课程资源。条件性课程资源限制了课程使用的范围和水平,主要是人力资源、物力资源、财力资源、地点、设施、时间、环境等。

(3) 按存在方式不同划分。①显性课程资源。显性课程资源可以是所有可见资源,例如教科书、网络以及自然和社会资源中的实物对象。由于显性课程资源在使用过程中具有直观方便的特点,因此它在一定程度上能直接推动教学流程,提升学习效果。②隐性课程资源。隐性课程资源是对教学活动产生影响的课程资源,如整个班级学习英语的氛围、大

---

① 殷婉云. 多元化高中化学课程资源的开发研究 [D]. 西安:陕西师范大学,2019.

学英语教师与学生的关系等,虽然隐性课程资源较为隐蔽和间接,但对教学活动有潜移默化的影响。

(4) 按载体的不同划分。①人力资源。通过参与制定教育政策、设计课程、开展评价活动的教育者、学校广大师生和关心教育的社会各界人士来完成课程资源开发。②物力资源。包括科技馆、科研单位、图书馆、实验室、教辅设施等。③知识资源。主要包括教材和网络等提供知识的资源。

(四) 信息化教学资源

1. 信息化教学资源的定义

信息化教学资源是信息时代的产物,它是教育领域中的新事物,也是随着社会的发展和进步而产生的新概念。对信息化教学资源的狭义理解是,信息化教学资源指的是在信息时代环境中教师教学可采用的各种数字资料、材料、在线课程以及各种认知和情感交流工具。① 从其具体内容来分析,信息化教学资源内涵涉及多个方面的内容,包括网络教学资源、多媒体教学资源、远程学习网络资源、各种学习网站资源等。因此,从广义上讲,信息化教学资源是数字资源,其形成并存储在信息资源的类别中以支持教育和教学活动。信息化教学资源属于信息资源的类别。信息资源是学习者通过选择、组织和订阅开发有用信息的集合。信息化的教育资源包含大量教学信息,这些信息可以创造特定的教学价值,并以数字信号的形式通过互联网和其他媒体进行传输。信息化教学资源是开放资源,广泛存在于各种媒体中,例如学习网站、移动电话和计算机,交付系统必须是多媒体的,知识传播需要超越时间和空间的限制。

从上述论述中,我们可以认为,信息化教学资源是指在信息技术环境下,各种可以用于教学的信息化资源,它包括的范围非常广泛,如各种信息化的素材、课件、教学材料,可用于教学的多媒体设施设备,新兴的网络课程(如微课、慕课、微视频),等等。

2. 信息化教学资源的特点

信息化教学资源的特点是与传统教学资源区别开来的。传统的教学资源主要包括教科书、各种辅导资料用书、各种图书以及各种报纸杂志等,更趋向于纸质媒介,老师和学生获取资料信息的来源主要是阅读各种书籍。如今的信息化环境下,信息化资源在英语教学中的应用则产生了一些不同于传统教学的新特点:①教学信息的处理趋向于数字化,数字技术在教学辅助中的地位日益重要。②教学信息呈现出多媒体化,多媒体技术在英语教学中的应用逐渐普及。③教学信息的传输日渐网络化,互联网技术的快速发展为教学信息的传递缩短了时间,提高了传输的时效。信息化环境下,各种教学信息的输出与输入也不再

---

① 张一春. 信息化教学技术与方法 [M]. 北京:高等教育出版社, 2013: 10.

受阻，学生和教师可以随时进行相关知识的沟通。④教学信息的超文本化，超文本用超链接的方法把各种不同的文字信息组合在一起，这增加了教学的资源数量，能够扩大知识范围。同时将不同的知识进行整合，增加了学生和教师的知识量。⑤教学信息可以进行大容量的储存，信息技术的应用让教学资源可以更为方便的存储，如U盘、硬盘的使用。教学资料可以更为方便的携带以利于教师和学生随时随地使用。当然，教学资料的增加，对于教师来说可以提高自身的教学水平，对于学生来说，可以拓展视野，加深对知识的理解深度。

因此，相比之下，在英语的教学中，信息化教学资源的使用更能促进学生和教师的共同进步，教学的效果也会更好。总之，信息化教学资源的应用让英语教学变得更为科学、更为方便和快捷。

三、信息化环境下英语教学资源的开发

信息化教学资源是信息化教学的产物，它是推进教学改革的基本前提，是建立新的教学模式的必要条件，在信息化教学中占有重要地位。有效利用信息化教学资源必须是所有教师基本能力和所有教师信息素养的集中体现。随着信息技术与课堂教学的融合，信息化教学资源已成为优化教学的重要基础。因此，在信息环境下开发英语教学资源，不仅可以提高教学效率和质量，而且可以优化英语教学，促进师生的共同发展和进步。

由于英语教学是一种语言的学习，它具有其本身的独特性。当前，信息化环境下的英语教学资源成为了英语课程资源的主要形式之一，因此，对于信息化环境下的英语教学资源不仅要能够有效地利用它，更要能够对信息化环境下的英语教学资源进行设计与开发。建设高质量的英语教学资源可以扩充英语的学科教学资源，这对于英语教学质量的提升和英语信息化教育的实现具有重要意义。

（一）英语课程资源开发的理论依据

1. 新一轮基础教育课程改革理论

新课改需要课程资源的大力支持，如果满足这一关键条件，那么课程改革也将顺利实现。为此，教师和学校都应积极开发校内外的各类课程资源，并在教学中合理利用，从而推动课程改革。新课改的建设要求主要体现在以下几个方面：

（1）教师队伍的建设。全面提高教师队伍素质，培养优秀学科带头人和骨干教师，建设一支适应课程改革发展需要、数量充足、素质优良、结构合理、专兼结合的高水平教师队伍。要根据课程要求，认真规划教师队伍建设工作，抓好薄弱学科和新增科目的教师队伍建设，保证所有学科必修模块的开设率和开设质量。通用技术课程选修模块教师可采取与其他相关机构选聘共享的办法予以解决。各级教师培训部门要加大教师培训力度，不断

提高教师对课程方案的理解程度和对新增内容的掌握程度。教研部门要加强教研培训和指导工作，不断提高教师课程实施的能力。高中学校要强化校本教研工作，以教师队伍素质为突破口，促进课程资源开发利用，切实服务课程实施。

（2）教学场所和教学设备的更新和改造。要根据课程实施要求，做好现有教学场所功能的调整和改造工作，保证各教学场所满足课程需要。要做好区域内学校教学场所的统筹规划，尤其要加强短缺教学场所如新增科目教学场所的建设完善工作。要建立通用技术等课程的专用基地，并促进通用技术等专业性较强的教学场所的共享。要健全教学场所的管理制度，充分发挥图书馆、实验室等在促进师生教与学方式转变上的作用，最大限度地满足师生教与学的需要。学校要根据课程方案和学科课程标准要求，不断补充短缺教学设备，保证有较为完备的设备资源支持课程实施。特别要根据学校规模和选修模块开设的需要，完善所需的教学仪器、设备、器材，充分发挥使用效益。要建立实验室开放制度，向学生开放。要因校制宜地开放学具、教具、教学课件等，建立电子备课库，为教师的教和学生的学提供更丰富的课程资源。

（3）教学素材的开发与建设。要高度重视教学素材的开发与建设。要建立教材使用反馈制度，根据使用情况，定期向相关出版社反馈修订意见，要科学、灵活地处理教材，鼓励教师从"教教材"转变为"用教材教"，提倡教师对同一学科不同版本的教材进行比较研究，对教材进行深度开发、调整、筛选与补充；要注重对各种教学辅助材料进行比较、分析、加工和利用，使之更好地服务于教学，鼓励教师开发与新课程教材相配套的教学辅助材料。要发挥教学素材在教学服务与学习支持中的功能，既要重视知识资源特别是学科知识资源的开发，又要重视学科知识的新进展和各学科知识间的相互渗透和融合，尤其要关注与学生密切相关的生活经验，使学生学会学习、学会思考、学会合作、学会创新。要本着引进与开发并重的原则，以学科为单位，加强教学素材的建设与利用，建立共同分享的优质教学素材资源库、案例库及备课平台，逐步形成教师协作、共享、开放的可持续发展的教学资源建设工作机制，要善于从教学过程中捕捉课程资源，关注课堂教学中动态生成的教学素材，使课堂得到更为丰厚的素材资源的支持和保障。

（4）教育实践基地的挖掘与构建。要依据地域产业结构布局和产业特点因地制宜，构建与科技发展和区域经济发展前言结合密切的独具特色的实践基地，为学生提供科技含量更高的实践场所，建设新型的与课程实施密切结合的教育实践基础并充分发挥其育人功能。要充分挖掘更为直接的实习经验和技术师范基地，使基地从校内延伸到家庭。要充分发挥学校师资、设施等方面的优势，促进高校的资源共享，充分发挥校外科技活动机构或场所的作用，为学校选修课程开设和综合实践活动课程实施提供更有效的资源，要规划并协调教育系统内部的其他可用资源，形成高校各部门的交流与沟通，实现在师资、设备、场所、信息等方面资源的有效整合与共享。各级教育行政部门要协调社会各界为学校的课程实施提供支持，免费开放博物馆、科技馆、德育基地等。还要建立起与科研院所、公共图书馆、科技馆以及企业资源和社区资源的互惠共享机制，为学校教学服务，教研部门要加强对校外资源使用的研究和指导工作，促进校外资源的使用。

（5）网络资源的开发与建设。要切实加强网络资源建设，各级教研部门要积极探索网上教研方式，促进网络资源的开发和使用，学校要充分利用各应用平台及资源库等网络资源，加强学习化学校建设，优化课程开发和实施。要充分利用网络资源优化课堂教学环境，有效培养学生收集、传递、处理、应用信息的基本能力，提高信息技术素养，要充分利用现代信息技术手段，加速学校在教学内容的呈现方式、教学的组织方式、学生的学习方式等方面的优化，使课堂教学向着现代化、科学化、信息化方向发展。

2. 课程与教学论

多年来，学术界对课程与教学的关系问题一直争论不休，致使课程与教学之间的区别和彼此之间的联系具有不确定性。尽管人们在界定课程与教学的概念时，似乎已显示出二者之间较为明晰的界限。如奥利瓦认为："课程是方案、计划、内容和学习经验，教学是方法、教授活动、实施和描述。"麦克唐纳德把课程看作是活动计划，而把教学看作是计划的运用。这些界定都力图把课程和教学看作是学校教育的两个子系统或亚维度，但这种表面化的概念限定并没有使课程和教学的关系得以厘清，课程论和教学论的学科领地之争也还将延续下去。

本质上说，课程其实就是一种教育体验，它是一种能对教学产生积极影响的各种因素的集合。而教学则是一种活动，是师生之间在对话、交流、合作的基础上，不断进行文化知识的传递和创新的特殊互动。综合而言，课程教学活动就是把各种可能对学生产生积极影响的因素，通过教学这一手段传递给学生的过程。因此，为保障课程教学活动的良好效果，在实施这一教学过程中，我们要去挖掘各种有益于主体的因素来丰富教学活动，即积极开发课程资源。简言之，要想教学活动能够成功就必须有丰富的课程资源为基础，这也说明在教学活动中教师应不断地开发各种资源，以充实和丰富课程内容。

3. 教育心理学理论

让·皮亚杰（Jean Piaget）认知发展理论将儿童的认知水平划分为四个阶段，并提出每一个阶段都进行着顺应和同化的过程。基于这一理论，就要求教师和学校在教学活动之前，应首先开发和利用适合学生认知发展阶段的资源，这样才能使学生更好地适应和接受教学内容。此外，奥苏贝尔的有意义的接受学习理论也曾指出，在教学活动中要让学生在一个有意义的环境中接受学习。这同样也说明在教学活动中，要选择和开发出有利于学生学习，或使学生主动参与的课程资源。人本主义教育理论要求则要从以人为本的角度来开发和利用课程资源，其中"以人为本"指的就是注重开发与学生生活、兴趣密切相关的资源，从而营造健康、快乐的课堂学习氛围。

（二）信息化环境下英语教学资源开发的态势

1. 信息化环境下的英语教学资源开发动态化

信息化环境下的英语教学资源开发与传统的教学资源开发的最大区别在于信息化环境下英语教学资源开发的发展化和动态化趋势。时代是发展变化的，现在已然来到了信息技术极速发展的时代，在这样一个大环境下，只利用传统的教学资源，使得原本已经开发出来的素材、课件、网络课程、教学案例等所构成的静态的资源库越来越不能满足当前的教学需要。要使资源能有适应当前的现代化英语教学，我们就必定对信息化环境下英语教学资源进行开发。让有限的、固化的英语教学资源信息随着社会的进步不断推进，产生新的教学观念和方式。

静态的教学资源是以演示的方式呈现给学生的，只能让学生接受视听感官上的感觉，而不能让学生进行很好的模拟仿真训练，无法让学生主动参与到信息化教学活动中。而发展的、动态化的教学资源的开发是随着教育改革的脚步而不断发展变化的，它符合发展变化的规律性，可以让学习者接受最新的英语知识。同时，随着信息化英语教学资源的不断丰富和更新，学习者可以拥有更多的信息资源来源，这可以增加英语教学活动的吸引力和扩大教学效果。

因此，对于信息化环境下英语教学资源的开发应该注重其动态性、发展性，建设出具有生命力的英语教学资源管理系统，让师生在英语教学活动中可以获得最好的信息资源支撑。同时，让每一个英语教学活动中的参与者积极参与英语教学资源建设，把信息化教学资源的开发融入到师生的教学活动中。英语教学资源开发的动态化还应注重教学资源的不断更新，积极搜集各种相关的信息化教学资源，并在原有资源的基础上进行不断创新，衍生出新的教学资源，同时鼓励师生之间相互思考、相互讨论、相互交流，培养其发现问题和解决问题的能力，构建出一个开放的、发展的、动态的信息化英语教学资源系统。

2. 信息化环境下英语教学资源的开发协作化

正如书中前面所述，信息化环境下英语教学资源的开发由于其本身的专业性特点，它的设计和开发是一个复杂的、综合的过程。因此，信息化教学资源的开发不是某一个人可以独立完成的，而是由各个相关方面的人员共同努力，协作完成的。[①] 这里的各个相关方面人员主要是指教师之间、英语专业教师与信息技术人员之间的合作，当然更不能少的是学生的参与。教师懂得如何教学但对信息技术的操作方面有所欠缺，信息技术人员突出在

[①] 余武. 信息化教学资源的开发和建设 [J]. 中国电化教育, 2001 (07): 15-17.

信息技术方面的作用对教学是弱项,所以各个方面的通力合作避免了信息化教学资源与信息化教学资源设计中的技术断层。加强各方人员的沟通,便于各方的协作努力,让信息技术和教学活动更好地融合在一起,不断对现有的信息化教学资源进行改造和创新,才能够建设出资源丰富、专业性强的信息化环境下的英语教学资源网站,建设出真正适合学习者需求的信息化教学资源系统,开发出"一纲多本"的模式。

3. 信息化环境下的英语教学资源开发集成化

在信息化环境下的英语教学资源开发过程实现教学资源的集成化,可以提高信息化环境下英语教学资源的使用效率。从以前的英语教学资源开发建设中不难发现,过去的信息化教学资源建设都是十分分散的,没有统一集成化。伴随着教育行业的逐步改革,随着信息化教学的提出,各个学校均开始实行信息化教学,针对各个高校的英语教学资源的分散性做出调整,让各个高校关注的不再只关注到自身学校的信息化资源建设,而是注重到信息化资源建设在各个学校的建设和共享,尽量使资源建设规范,便于信息化环境下的英语教学资源的正确开发。

因此,在信息化环境下的英语教学资源开发过程中,我们应该注重信息化教学资源的集成化建设,把全国各地优质的信息化教学资源集中在一起,把全国优秀教师的教学经验、先进的教学设备集中在一起,同时根据全国的信息化英语教学大背景,把校外教学环境和校内教学环境相结合,实现从分散到集成的过程,这样有利于提高师生获取信息化教学资源的速度,满足教学活动中的个性化需求,提高教师教学活动的针对性。信息化英语教学资源的集成化能够把各种教学资源与课程内容进行整合,建立起精品化和集成化的信息化教学资源平台,便利了学习者对英语教学资源的获取,能够及时方便地找到自己需要的资料,提升了学习效率。

第二节 中小学英语课程资源改革

一、利用和开发课程资源的现状

(一)课程开发的主体和方向单一

目前,中小学课程建设与资源开发主要是集中学校现有内部资源,开发环节也是由本校教师个人或团队完成。同类院校、同类专业教师联合开展课程资源建设的典型案例和成功经验偏少,行业企业参与课程开发积极性也不高,课程资源开放的共建共享机制没有形成,资源重复建设现象严重,校校之间优势资源难以互补,教学资源效益难以达到最大化。

英语教学目标的内涵丰富，意味着在实际教学中，一方面要注重语言教学，另一方面也要突出文化教学，同时，语言能力教学不仅要强调听说能力培养，也要强调读写能力培养，课程资源要围绕以上内容开发才能更好地达到目标，但在当前英语教学中，英语课程资源的开发方向还相对单一，不能完全契合英语教学目标的需要，如在英语教学内容上课程资源的开发主要偏重于文本资源和物质资源，往往强调某些英语教学教材的购买等，而对于有关语用能力和综合培养的实践交际活动资源和跨学科课程资源开发较少，学生在英语学习过程中，缺乏真实语用素材，缺乏实践交际活动资源和跨学科课程整合资源。另外，课程资源比较强调语言知识资源的开发，而对于文化方面的资源开发较少涉及。

（二）资源开发利用不够充分

随着社会的进步和网络技术的不断发展，教育也应该走向现代化，即有必要借助网络这一技术平台进行教学。近年来，互联网与教学的融合已是大势所趋，如学校与学校之间可以通过网络的形式实现资源共享，但在现代技术的应用上还存在一些问题，如教师在英语课程教学中没有充分利用并有效管理多媒体资源；教师片面地认为网络资源是目前最需要的课程资源，忽略了其他资源等。

目前英语课程资源的结构总体上以教材、教辅、教学设施和网络信息资源为主，虽然每种资源对于英语教学都有很好的促进作用，但是不同资源不同的开发利用方式对于英语教学的支持意义各不相同，如教辅资源可以作为课堂教学的随堂练习，成为教学内容的一部分。英语教学中，每种课程资源作用的充分发挥才能使其价值得以呈现，但在当前英语教学中对各种已有资源的开发利用并不充分。以网络资源为例，网络为英语教学提供了大量的信息资源，是英语教学十分有益的课程资源。第一，教师可以从网络中学习各种教学经验，如纳米盒、一起学习网等；第二，互联网中大量的英语学习网站，如贝壳网、能飞英语等网站，这些网站为学生的自主学习提供了各种便利；第三，互联网中还存在各种公开英语教学课堂（慕课）以及各种英语字幕的影视节目，也是英语教学中非常有效的课程资源。虽然网络为英语教学提供了大量课程资源，是英语教学知识查询、资源积累、口语练习、自主学习等方面坚实的资源支撑，但是在目前英语教学中，由于缺乏应用技巧、教学惰性等因素，英语网络资源的利用并不充分，英语课堂教学对网络资源的运用往往限定于知识查询等方面，使网络英语资源的利用被狭隘化。和网络资源一样，其他教材、教学设施等方面也不同程度地存在着资源开发利用不足等问题，教师在英语课堂教学中仍以利用教材和教辅为主，资源利用趋向单一化。

（三）英语课程资源缺乏有效整合

教师实现英语课程资源的整合是其开发管理的重要影响因素。具体地说，英语课程资源并非单纯地将找到的资源立即投入使用，而是需要先对其进行有效的整合，即将其浓缩成对学生学习帮助最大、最有效的资源，特别是对某些隐性资源来说更要如此。当前，英语课程资源整合还存在着整合不足的问题，主要原因是：课程资源的整合需要对模块化、综合化教学提出全新的要求，但很大一部分学者仍然只关注课程资源的定义、特点等，导致在如何开发和管理英语课程资源的方法以及模块化教学方面研究还比较薄弱。此外，英语课程资源的整合也对教师提出了新的要求，但目前大多数教师的信息素养还不够强，不能在短时间内适应新的变化和要求。

当前英语教学以教材、教辅、网络资源为主的资源开发利用模式使部分有效的课程资源开发利用缺失。如英语歌曲、英语报刊、英语广播电视剧等在日常生活中随处可见，对其开发利用可以有效促进学生的英语实践应用能力培养。以英语电视广播节目为例，广播和电视节目中都有英语学习节目，这些节目都是按照一定教材或者系统化的英语知识结构进行教学，如果借助学校可供利用的硬件设施合理引入课堂，引导学生跟随节目学习，可以有效培养学生的听说能力。但是在英语教学中，对于相关广播电视节目很少涉及；英语报刊也是英语学习的有效资源，学生可以通过英语报刊学习正规的书面英语表达，但遗憾的是英语教学中英语教辅资料的大量运用淡化了英语报刊在教学中的地位，除了英语专业以外，英语报刊很少能在英语教学中占一席之地。随着英语在日常生活中应用越来越广泛，学生可以接触到的英语资源越来越多，英语课程资源的丰富性应该得到充分体现，才能有效推进英语教学目标的达成。总之，现阶段教师对英语课程资源的整合仍有很大改善空间。

二、课程资源开发和利用的思路

（一）符合英语学科特性

在中小学阶段，其英语课程教育通常都具有两大属性——工具性和人文性。其中，就工具性而言，英语课程肩负着培养学生基本外语素养和拓展学生思维能力的重任，具体而言，教师进行英语教学的目的就为了让学生掌握最基本的外语语言知识，锻炼他们在听、说、读、写等方面的基础能力，开拓学生的语言思维等能力，并培养学生运用外语进行跨文化交际意识，从而提高他们运用外语进行交际的能力。另外，英语课程在人文性层面上承担着促进学生全面人文素养的重任。简而言之，英语课程学习不仅使学生拓宽视野、丰富生活经验，而且还有助于塑造其跨文化的概念和意识，同时也可以增强学生的爱国主义精神，增强文化自信，建立正确的道德品质观、人生观和价值观，以帮助学生成长。有效结合工具性和人文特色的外语课程将为学生的终身成长打下坚实的基础。

综上可知，英语课程的设计应基于工具性和人文性的视角进行，具体应从以下几方面着手：首先，从我国的实际情况出发，以科学发展观和优秀英语课程为核心，探讨我国外语教育的现状；其次，主抓中小学教育，并基于"以学生为本"的教育理念，从而制定全面、创新的英语课程体系。这一课程体系的主要目的是锻炼和提高学生的整体语言应用能力，根据中小学教育制定的语言学习规律和学生发展方向，从培养学生基本语言技能和知识的角度，从培养学生良好的情感态度的角度，或从掌握有效的学习策略和树立一定的文化意识的角度，从而将课程设计目标分为总体目标和层次目标。以上角度是相关的、互补的，对英语课程的设计都有重要影响。

（二）开发主体多元化

在终身学习的概念下，包括中小学教师、学生和成人在内的所有类型的学习者不仅受益于优质的课程资源，而且还是课程资源开发的主要参与者。需要改进多元参与课程的启动机制，以形成包括学校、企业和学生在内的课程资源开发共同体。一是学校之间联合建设。教师是课程资源开发的主体，也是课程资源开发的指导者和领导者。课程建设要打破学校与学校之间的界限，跨校、跨专业组建优秀课程开发团队，整合学校之间的优质课程资源，教师共同制订课程资源开发计划，搭建开放共享的课程资源平台，组织协调课程资源开发，协同指导学生完成线上学习。二是师生共建。学生是课程教学资源再生的重要力量，英语学习的主体是学生，他们的学习效果及学习感受能够帮助课程团队及时调整教学目标、优化教学内容，弥补教学资源不足，确保教学内容的科学性、先进性和实效性。同时，学生群体的加入会使资源开发更加满足学生的个性化发展及可持续发展的需求。

三、如何有效利用和开发课程资源

（一）开发网络资源，利用新兴媒体

培养学生在网络环境下的自主学习能力，更新教学手段和教学内容，积极探索现代信息技术在英语教学中的应用，是网络社会下英语教学的必然选择。因此，英语课程资源的开发不能拘泥于书本、教辅、教学设施等现实资源的开发，而是要打破虚拟网络和传统纸质材料的界限，整合网络资源。结合英语教学特征和网络优势，对于网络课程资源的开发应用可以从以下方面入手：第一，积极开发多媒体及网络信息资源，并在教学中进行使用，有助于英语教学效果的提升。在英语教学中充分开发与利用多媒体和网络信息资源，具有以下几方面的优势：其一，可以在英语课程教学中及时有效融入新技术、新知识，使英语教学紧跟时代步伐；其二，基于网络信息化的特点，可以让学生体验不同时间、不同地域的文化和社会资源，即教学打破时间、空间和地域的限制，不仅极大地丰富了课堂内容，而且有助于激发学生的学习兴趣；其三，相较于传统班级授课，借助多媒体和网络信息资源，使教学更加生动、自由，不仅可以让学生在课堂中感受到丰富的文化资源，而且学生也更容易理解课程内容，促使其有兴趣进行自主学习，体现了学生学习的主体性，充

分培养了学生自主学习能力;其四,网络资源共享为教师之间的交流带来方便。通过线上平台,教师可以相互学习借鉴,共享优质教学资源,从而加强学科间的交流,提高教学质量。第二,借助互联网,教师可以通过众多渠道搜集教学资源、制作多媒体课件,甚至建立各种交流共享平台。通过多媒体和网络信息资源,可将教学分为三个阶段进行:在教学前,教师可以利用网络收集英语材料,制作多媒体课件,将声音、文字、图像、动画、视频等多种功能融合在一起,借助课件中的视频、动画等可以吸引学生的注意力,使英语教学更加生动、逼真从而让学生对教学内容有更深刻的理解;在教学中,多媒体课件的展示既能节省教师的板书时间,又能使学生积极主动地参与课堂教学,有效提高了课堂教学效率;在课后,教师还可以借助网络建立英语课程论坛,开设微信英语课程公众号、课程微博等,并邀请学生添加关注,不仅可以使学生在课后拓展知识,而且教师可以在这些信息平台上发表自己对课程教学的体会和感悟,使更多教师能借此交流教学经验、共享教学资源。第三,开办学校英语专题学习网站。学生在听说读写能力等方面有不同的学习需求,也有不同的兴趣选择,但是在各种英语网站上往往难以得到及时的、针对性的指导,所以学校可以结合现代多媒体技术开办"阅读网""写作网"等主题网站,在现代教育技术网络的辅助下,开展学生自主阅读和有选择的指导阅读,实现提高英语阅读水平和拓展英语语言文化上的双赢。

(二) 走出校园围墙,丰富实践资源

英语教学的最终目的是提升学生对英语的实践应用能力,因此英语教学可以分为知识教学和实践教学两个模块,英语课程资源的开发也需要进行两个模块的同时建构。特别是在汉语环境内进行英语学习,较少有英语实践情境,对于课程资源的建构更要突出实践资源开发。然而,目前英语教学的课程资源开发中,主要偏重知识教学资源,较少有实践资源,虽然也有英语角、英语演讲、英语广播站等英语实践机会,但是这种资源更多地局限在校园内。因此在英语课程资源开发中一方面要加强校内实践资源的开发,另一方面要走出校园,丰富实践资源。对于实践资源的开发,可以通过以下几种方式来实现:第一,和其他学校共同举办英语实践活动。每个学校的英语教学都需要相应的实践教学资源,单个学校的资源是有限的,因此可以基于共享思路与周边学校共同开展英语实践活动来提供更多的英语实践机会,如特定区域范围内的学校共同举办英语夏令营或者开办英语节活动等,也可以利用学生的年龄、年级优势组织高年级学生对低年级学生进行英语教学等活动。第二,组织学生进入社区,英语学习的过程是英语语言知识输入向能力输出转化的过程,但是国内英语教学往往缺乏相应的英语应用情境,学生的口语难以得到有效锻炼,因此可以组织学生进入社区为不同年龄和文化层次有英语需求的人群提供简易英语教学,这样不仅可以使学生在实践中发现自己的知识不足,激发学生的英语学习兴趣,也可以使学

生的英语知识得以内化。第三，借助周边企业的英语实践资源。有些学校周边有外资企业或合资企业，这些企业中往往会有来自英语国家的专家工程师，学校可以通过和企业合作的方式，使这些专家工程师进入到学校和学生展开英语对话，为学生提供英语实践机会。第四，开展英语社会实践课题。学以致用是英语教学的最终目的，英语社会实践课题对语言知识综合应用以及文化能力的考察有很好的效果，对于有条件的学校，可以展开英语简易课题活动，促使学生进入社会调查，既可以培养学生在学术研究方面的能力，还可以有效培养学生对英语知识的应用能力。

（三）拓展资源空间，共享设施资源

英语教学可以利用的设施多种多样，每种设施因功能或配置不同对英语教学的作用各有不同，对于学校内的各种设施充分利用，必然可以为英语教学提供更多的资源。虽然大多数学校内外可以利用的设施资源众多，但是不同设施资源因功能配置不同往往在使用上有明确的服务指向和服务主体。基于管理或服务方面的不便，或者是班级竞争和应用技巧等问题限制，相关设施很难为英语教学全面服务。因此，在英语课程资源开发中，完全可以打破资源壁垒，拓展资源应用空间，使英语教学可以共享更多的设施资源。以学校网站为例，一般学校网站建立的主要目的都是学校进行宣传和自我形象建构的，虽然也涉及学科教学方面的内容，但是主要的目的并不是为学科教学服务，对英语教学来说，学校网站便是可以充分利用的设施资源。对于设施资源的共享，可以通过以下方式来实现：第一，不同资源主体之间的设施资源共享可以通过利益互换的方式实现。各种多媒体教室、实验室、图书馆等公共设施资源一般都为不同的利益主体所有或管理，特别是校园外部的设施资源，不同利益主体的特征更加突出，要把相关资源作为英语教学课程资源来开发，就必须在利益主体之间进行利益置换，如学校之间相互借用不同的设施资源等。第二，基于相关设施的主要功能选择结合方式。英语课程可以利用的设施资源特征各有不同，对于英语教学的功能自然有所差异，如多媒体教学设备有助于课堂教学，图书馆、实验室等设施资源有助于英语实践等，在对相关设施资源的开发利用中，要充分考虑其主要功能，寻求英语教学和设施资源的最佳结合点，使设施资源的空间拓展更加有意义。第三，资源的利用必须要形成相应的共享管理办法。不同设施资源归属于不同的管理主体，服务对象也不相同，要作为英语课程资源来开发，相关资源的管理和应用也很复杂，因此在相关设施资源的共享中，要建立相应的管理制度，尽可能使资源得到充分应用，又能保障资源共享的有序性。如对于实验室或图书馆的英语实践活动，既要保障正常的设施资源功能发挥，又要顺利开展英语实践活动，就需要对相关人员的使用方式和行为进行严格规范。

（四）拓宽输入渠道，开发媒体资源

随着时代发展，英语更多地渗透在人们的日常生活中，无论是英语教育节目的开展还

是英语影视剧的引进，都为学生近距离接触英语提供了更多便利，也是英语教学可以利用的有效资源。因此在英语课程资源开发中，可以通过各种媒体资源开发，拓宽学生的英语输入渠道，使学生的英语输入渠道从单纯以课堂为主，转向由课堂、媒体等各种途径组成的输入渠道体系。在英语教学实践中，对于媒体的课程资源开发利用可以从以下方面来着手：第一，可以把影视资源作为课堂教学的前导。英语教学内容涉及到英语文化的方方面面，对于陌生文化的介绍和语言知识讲解，往往会使学生的英语学习变得枯燥乏味，因此在英语教学中，可以利用各种电视广播资源调动学生的英语学习积极性。第二，借助影视情境创设英语教学情境。国内学生对于英语的学习很难获得真实情境的体验，而语言又必须在情境中呈现和练习，因此在英语教学中，必须尽可能地创设真实的情境来调动学生英语学习的积极性，可以根据教学内容，借助电视剧或其他影视资料呈现的英语文化生活片段创设相对真实的英语情境。第三，可以借助英语影视片段提升学生的人文素养。成功的英语影视片段往往蕴含着丰富的人生哲理。第四，可以借助英语影视片段增强学生对英语文化的感性认识。英语文化对于大多数学生来说是完全陌生的，文化差异往往影响学生对英语知识的理解，如关于西方国家的餐具摆放和使用较难为中国学生所理解，因此可以借助英语影视资料剪辑出关于餐桌礼仪的影片进行播放，加强学生对相关文化知识的感性认知。

（五）转变教学思维，开发生活资源

目前日常生活中的英语应用比较广泛，如各种英语广告和产品说明书，以生活中英语的实际应用来辅助英语教学，可以使英语教学的应用和实际结合更加紧密，也有助于调动学生的学习兴趣。同时，相较于课堂教学的应用例证，生活例证更加鲜活生动和丰富，更有助于学生的理解，特别是词汇选择方面，英语说明书或广告等方面的英语解说为了使产品相关特点更加精确突出，往往会用各种词汇从不同角度进行描述，以此为资源，可以使学生获得更多的真实词汇语料。对各种广告或说明书进行搜集整理并引入课堂，可以使学生对相关词汇的理解更加准确，也有助于学生掌握更多词汇。因此关注日常生活，开发生活资源也是英语课程资源开发的重要方向，生活资源的开发可以通过两种方式来实现：第一，把生活中的英语资源引进到课堂教学中。生活中存在着丰富多样的英语应用实例，教师可以借此丰富课堂教学内容，如以上所说的各种英语广告和英语说明书。教学过程中，教师可以搜集整理生活中各种英语应用实例，或者引导学生搜集英语例证，经过甄选，有机融合到英语课堂教学中，使其成为课堂教学的一部分。第二，促使英语教学生活化，英语教学不能仅仅为了语言知识和技能的培养而教学，需要通过实践来使学有所用，英语教学生活化既能使英语学习为现实服务，又可以增强学生的学习积极性，如教师可以基于生活应用需要对学生进行各种英语应用文的写作训练。

第三节　大学英语课程资源改革

一、大学英语课程资源开发与利用存在的问题

（一）资源分配不合理

教科书资源和网络资源很多，但学校和学生资源却很少。当今的课程资源基本上是教科书，大多数老师满足于教科书的规定，还为学生提供参考书和课外书。在经济相对发达的大中型城市，学校的在线教育资源仍然相对丰富，甚至存在各种在线资源积累的现象。课程资源主要以自上而下的方式驱动，缺乏自下而上的资源构建，并且忽略了教师和学习者的主要角色。

（二）课程资源良莠不齐

在信息时代背景下，课程资源的数量呈指数增长，教师在选择课程资源时为避免学习过程中出现负面影响而对课程资源的利用有限，因为在学生的学习和发展过程中，有很多地方是老师和父母无法监督的。面对有害的信息，学生可能无法做出正确的决定，并且抵制诱惑的能力可能不足。在互联网高度发展的时代，在线课程、在线公共课程和远程学习变得司空见惯，依赖于互联网和人工智能的课程资源奠定了学校课程开发的基础，为学生的发展奠定了基础，也带来了安全隐患。

同时，许多在线公共课程的质量无法得到保证。学校课程资源的选择和开发是不平衡的，也没有统一定义教师用来判断和选择大量课程资源质量的标准。如何从大量资源中提取精华，提高课程资源的质量是一个摆在广大教师面前的具有巨大挑战性的问题。

（三）相当一部分教师开发课程资源的意愿较弱

如果学校和整个教学环境对于英语课程资源的开发利用不重视，就会导致英语教师对课程资源的开发热情不高。如果学校不鼓励教师做太多课外功课，那就意味着学校对开发课程资源的资金支持和政策支持都会明显不足。教师对课程资源开放利用的自主程度较低，客观上削弱了他们的积极性，加上大部分教师有课程和教学目标的压力，教学评价有时还与英语四六级的通过率挂钩，教师就更无暇顾及课程资源的开发和利用问题了。

二、大学英语课程资源开发与利用途径

（一）利用教师的自身资源

首先，教学是教与学的过程，教的角色由教师承担。过去，教师的备课工作主要局限

于教科书、教学参考书，甚至将这些书作为唯一的课程资源；如果教师自身不愿意课后做功课去查阅补充资料，那么在课堂上有可能照本宣科，学生无精打采，教学效果大打折扣。现在，大部分高校招聘英语教师都要求有出国经历，有跨文化学习经历的教师可以将自身作为课程资源，将国外所见所闻分享给学生，既可以调节课堂气氛，也可以开阔学生视野，让学生进行中西方文化对比，从而增强对伟大中华民族文化的自信心，树立国家意识。除自身经历之外，教师还需要阅读大量的相关书籍，例如经典英美文学作品，可以从书籍中搜集有趣的俚语表达、口语表达等分享给学生。总之，作为教师，如果要给学生一滴水，教师要有长流水。

其次，教师将自身作为课程资源时，还须注意与教学内容相结合，保持课程资源与教学内容的相关性。例如，课文中有关为什么要学习文科的章节中，可以分享在国外旅游时，参观的各种艺术博物馆、文人旧居等；课文中有关经济的章节中，可以分享世界上较大的经济危机产生背景、时间、原因等。

最后，教师还须主动去了解学生的兴趣爱好，利用课后多积累视频、音频素材，在课下可以向学生推荐学习口语的英文电影、英文歌曲等，从无形中为班级营造学习英语的氛围，提供隐性课程资源。

（二）利用学生的自身资源

在教学过程中，学生承担了学习的角色。学生自身也可以作为关键的课程资源，将学生的个人经历与课堂教学相结合，可以提高学生课堂参与度，鼓励学生分享与倾听。例如，在课文中讲到有关数字的前缀时，可以与学生交流娱乐方式或分享空闲时间所玩游戏，那么教师就可以询问热门游戏中与数字相关的前缀；在课文中有关恐惧的话题，可以让学生课前准备自己经历过的恐惧事件，在课上以小组的形式分享，最后还可以总结有几大类恐惧症，并学习对应的英文表达。除了学生的个人经历，学生在完成课堂、课后作业中，在不同班级的学生中会有部分学生犯同样的错误，这类错误也可以作为大学英语课程资源，将其作为经验分享给其他学生，以避免学生犯同样错误，提高学习效率。同样，成功的学生学习案例也可以作为课程资源，例如在大学英语四六级考试中，教师可以让高分同学分享备考过程，推荐相关教材、网站等，让失利的学生明确学习方向，做到有的放矢。

（三）构建数字化课程资源库

数字化课程资源建设要把握数据库和信息库的基本方向，要建立起文字、图像、视频、音频为一体的数字化课程资源库，做到对学生兴趣的全面吸引，对教师教学的全面支持，对专业创新和发展的全面保障。教师是英语数字化课程资源库建设的主体，教师应该利用英语课堂上的主导地位做到对数字化课程资源库的持续充实和系统调整，将新闻类文章、传统美文、原声视频、节目片段等学生喜闻乐见的内容整合在资源库的素材体系之中,更为细致、全面地体现英语教学的要点,借助数字化课程资源的非智力因素优势提升英语课堂的吸引力,进而提高英语教学的针对性和功能性。大学进行英语教育教学数字化课程资源库建设过程中要发挥教师的主动性,要在英语课程上整体对学习资料、音视频材料进行加工和整合,制作出更适合英语教学、学生学习和交流交往的课程成果,做到对学生注意力的吸引、积极性的激发,在进一步减轻学生学习负担的同时提升英语教学的质量和效果。

同时,英语课程采取分科目、分层次的教学模式,这就在建设数字化课程资源过程中必须采取分类、分模块的方式以做到对英语教学的全面适应,进而保障英语教学的质量。要体现数字化课程资源的模块化、专业化的建设方向,更好地体现数字化课程资源的价值和作用,采取学生乐于接受的样式提升数字化课程资源的教育教学效果。分模体系建设中首先要强化对英语课程体系的尊重,要结合跨文化交际英语、专业英语、通识英语等教学体系和课程安排进行数字化课程资源分模建设,保障学生日常学习、交流过程中对课程资源和教学资源的需要,重点突出学生行为习惯、认知方式的养成,在全面展示英语课程内容的同时提升教学的支持力度和有效性。分模体系建设中还应该注意特色体系的构建,要针对不同专业和不同阶段的英语教学要求和学生成长需要进行资源和模块建设,将差异化资源以合理分类和科学分模的方式呈现于学生面前,使学生能够在全面利用数字化课程资源的同时提升数字化和信息化的应用能力与英语交际水平。

第八章 信息化环境下英语教师的信息化能力

第一节 英语教师信息化能力概述

一、英语信息化教学的必要性

(一) 信息技术的发展要求

以计算机和网络技术为中心的信息技术遍及社会生产和生活的所有领域。经过多年的发展，随着社会信息化的发展，教育也进入了信息化时代。信息时代的到来对传统教学体系产生了重大影响，并对教师教育能力提出了新的要求。因此，随着信息社会的发展，广大英语教师迫切需要提高英语信息素养，将信息技术与教育教学改革相结合，提高课堂教学的质量和实现教学创新。只有这样，教师才能跟上时代的步伐和教育改革的步伐。

信息化教学已成为教学改革的有效手段。现代英语教师需要改变传统的教学方法，改变以自我教育为中心的定位，并使用创造性的手段和教学方法进行英语教学。英语教师只有将英语课堂教学和信息技术相结合，才能在信息化环境中更好地利用英语教学资源，在信息化环境中提高英语教学能力。因此，在信息技术背景下发展英语教师的信息教育能力已经成为时代的要求。

(二) 教师专业的发展要求

当代教育改革下的教师专业化进程包括三大要求[1]，具体叙述如下所示：

首先，从职业道德层面，对教师专业素质的要求也有了新的提高，即从一般道德要求发展到要求教师具备专业精神。

其次，专业知识和能力要求上，从"单一型"向"复合型"发展。教师不再像传统那样，只需要对英语专业的知识进行牢牢把握。现在，对每一个英语教师都要求要是复合型的人才，英语教师必须具备博学多识，也要掌握各个方面的能力，如语言表达能力、人际交往能力以及创新能力等。同时，教师也要成为一个"杂家"，不仅要懂英语专业方面

---

[1] 马荣秀. 信息时代的教师继续教育 [J]. 教育探索，2004.

的知识，更要有一定的信息素养、英语国家的文化素养等。

最后，在专业形态上，要求从"教书匠"向"创造者"发展。创新是一个国家、一个民族立足于这个世界、存在于世界民族之林的保障。当然，教育作为一个国家存在发展的上层建筑也是需要进行创新的。教师作为英语教学活动中的领路人，自然需要进行相关角色的转变，从"教书匠"转变为"创造者"，教师只有在英语教学中进行创造性的教学才能完成相关角色的转换。

简单地理解，教师追求专业化的过程就是教师专业发展。然而，要成为一名符合标准且成熟的专业教师，不仅需要具备多种专业技能，而且在就职期间还要不断学习和提升自我，适应时代的发展。具体来讲，教师需要整合自己的专业知识，扩大自己的知识领域，从而培养众多专业技能，以实现专业成熟。事实上，专业化的过程是一个不断变化、发展的过程，主要包括职前教育、入职教育和在职教育三个阶段，贯穿于教师整个职业生涯的始终。简言之，教师追求专业化的过程是无止境的。

英语教师信息化教学能力是指教师通过利用各种信息化教学资源开展教学活动、完成教学任务和开展教学实践活动，从而促进学生全面发展，并提升教师教学效果的一种能力。在现代信息化教学活动中，英语教师的信息化教学能力应随着时代的发展而不断地变化和发展，这也是教师专业发展的一个重要方面。

英语教师的信息化教学能力的发展是一个变化发展的过程，不是恒定不变的，其中教师在就业之前已经具备了一些能力，教师在教育实践中不断学习和积累，还有一些需要改进。英语教师的信息化教学能力不能通过简单的培训就能获得，这就需要在英语教学的实践过程中，运用相关专业的理论基础予以支持，实际形成的信息化教学能力才会促进教师的专业发展，丰富教师的专业发展理论。

（三）学生能力的发展要求

在传统学习中，学习方式单调且枯燥。通过现代教育技术，教育教学信息呈现方式多样化，通过直观、形象、具体的方式，图文并茂、音视频各种效果冲击学生的多种感官，刺激学生的思维，调动学生的兴趣，使学生主动参与英语学习，培养学生终身学习的良好学习习惯，同时教务处可根据教学规划制订学生的激励方式，提高学生利用现代教育技术的积极性。信息时代对学生造成的影响要求学生需要提升自身能力来更好地适应信息化时代的发展变化，才能在瞬息万变间更好的成长与成才。

首先，需要学生增强对英语信息的辨别和批判能力，提升负面信息的抵抗能力。在当前社会转型期，多元化的信息不断出现，打破了原有一元化的价值观，多元的社会价值总是在被重构。随着市场经济的开放和社会经济的发展，社会中的负面影响也给我们带来巨大冲击。因此在纷繁复杂的信息环境中，学生要掌握学习英语的正确渠道，摒弃不利信息的影响，同时要有批判性的眼光对英语信息进行筛选的能力，能够从众多的英语信息中理性地辨析，加以解读，充分理解。其次，要有自觉对英语信息知识进行更新的能力，培养终身学习的能力。信息化时代下，英语知识更新能力也是信息化时代对学生的内容要求，要紧紧跟随英语知识更新的步伐。

信息化时代下，高校学生学习英语的方式发生了翻天覆地的改变，学生学习英语的方式变得多元化，学习地点不仅仅局限于教室、图书馆。同时，英语学习资源变得更开放更丰富，通过互联网可以随时随地地进行英语学习。

（四）教师专业与学生能力之间的关系

以现代教育理论为指导，教师运用现代信息技术进行课堂教学的能力，称为信息化教学能力。信息化环境下，英语教师信息化教学能力的培养，既有利于学生的发展，也对教师能力提出了新的要求。具体而言，首先，要求教师必须具备混合学习理念；其次，通过各种多媒体课件及互动课件等信息化资源，不断创新教学理念、教学组织、教学设计及教学内容等，并且教师能够以网络资源共享课、翻转课堂、慕课和微课等形式开展教学；最后，在教学中，转变传统"以教师为主"的主体地位，注重"以学生为本"。通过实践表明，在英语教学中以信息技术为主要教学模式，不仅有利于促进学生自主学习能力，而且还能加强师生之间的交流与沟通，给学生自主学习的空间，尊重学生的个性化发展。这也是现代教育新理念的核心内容。

英语教师的信息化教学能力是信息化环境下的英语教学的重要组成部分。在英语的教学过程中，教师通常会采用交际教学法、任务驱动式教学法、情境教学法等，并通过提问、合作、讨论、启发等方式，将学生学习热情调动起来，让学生在课堂教学中的主体地位得以体现。所以，各个高等院校均要重视英语信息化环境下的教师教学能力的提升，将现代化的信息技术应用到英语教学实践活动中，并在教学活动的各个环节中加强师生之间的交流与互动，将各种信息化网络资源上传到相关的英语学习平台，帮助学生更好地利用各种信息化环境下的英语教学资源，实现教学效果的提升。

二、英语信息化教学对教师职业发展的影响

（一）教师角色的转变

受中国传统教育模式的历史影响，在英语教学中，教师的角色依旧停留在"教"的角色，教师的地位权威不可冒犯。而在信息化教学的当中，教师的角色已经在开始产生变化。

在传统的教师角色概念中，教师教什么，学生就学什么，可以说是知识灌输的唯一途径；教师在教学中还要同时设置教学情境、承担不可出错的指导责任，老师不停灌输，学

生接受灌输，这样的角色已经成为教育界中诟病已久的痛点。在传统的课堂教学中，学生的创造性和想象力被束缚，不能得到充分发挥。而在信息化教学当中，突破传统教师角色向老师们提出新挑战。信息化教学更强调"教学互动"，教学资源可以上传至相关平台和软件，教师不用再像复读机那样一遍遍重复教学内容，而可以在此教授的基础上继续提升拓展，带领学生进行探究式学习。教师更多是"辅助"学生学习，引导他们进行信息化学习，并通过小组形式、团队形式等进行学习交流，教师更多的是一种引导作用。师生的互动也突破传统的互动方式，实现了线上线下、真实与虚拟之间的频繁互动。

（二）信息素养的培养

在信息化教学环境下，教师必须学会更新自身的知识体系，更新信息化能力。现代信息技术发展突飞猛进，每天基本都在发生变化，这对英语教师们提出更高的要求，不再像传统一样用粉笔、黑板和书本进行教学，而需要运用高新科技进行教学。教学可发生在课堂，也可发生在电脑、手机和相关平台上，因此，教师的信息素养是解决信息化教学的相关问题的关键。教师的信息素养包括三个方面：

第一，教师的信息意识。英语教师的信息意识意味着教师接受计算机教学的程度，特别是主动接受性。很多教师已经"墨守成规"多年，不想在教学上"折腾"，只想沿袭以前的方式。这方面的接受性是需要进行改变的。而对信息化的敏感性，要求英语教师对本身教学中的信息要有在了解的基础上进行整合的能力，对丰富的信息化教学资源能加以利用、加工和整合，最终运用在教学当中。教师要有强烈的信息意识，主动接受信息化教学，才能真正提高自身的信息化教学能力。

第二，教师信息素养和英语学科知识能力的整合能力。不是所有的信息化手段都适合英语课堂，只有当老师有较高的信息素养和较强的专业知识敏感度，才能在获取信息的基础上，按照英语课程的需要，对信息资源和知识、对信息化手段和教学方式、对信息化课堂和教学设计进行合理的整合，并制订和实施相对应的教学方案，让信息技术有效地为英语课堂服务。

第三，教师的信息化教学实施能力。教师对信息资源的了解是非常重要的，信息化教学不仅需要教师有学科专业知识能力、教育教学能力，还必须有信息化教学实施能力。在信息时代，教学是教师促进学习者完成正确知识构建的过程，教师要在充分满足学习者个性需要的基础上，对教学进行全面的调控，教师的角色发生了变化，学习者的学习形式又增加了利用媒体的独立学习和协作学习，因此教学过程的复杂性和教师的角色变化，都对教师的调控能力提出了许多新的要求。教师在集体中要对每个个体进行调控，许多时候对个体的调控要借助于媒体和相关技术。在运用多媒体教学的时候还要讲究有效的策略，主要表现在几个方面：第一，利用多媒体创设学生感兴趣的问题情境。兴趣是学习的动力，要使学生对上课的内容有兴趣很难,利用多媒体可以使课堂活跃,提高学生的兴趣。运用多媒体,将抽象乏味的教学内容以生动形象的视听效果展现给学生,可以提高学生的求知欲望。第二,利用多媒体让学生在学习中自主探索与合作交流。解决问题的活动中需要学生合作交流,把自己的想法和其他学生谈论,同时倾听别人的想法。合作是人类社会赖以存在和发展的重要动力,英语教学中对学生合作交流能力的培养是一项重要内容。在课堂教学中,建立学生合作交流学习的模式,创设一个有利于学生交流自由轻松的教学环境,能促进学生积极思考,自主探究;让每个学生都参与讨论,表达自己的见解,体会其他同学的想法,使课堂中学生的主体地位得到体现,真正成为课堂的主体。第三,利用多媒体设计一些游戏环节寓教于乐。爱玩是学生的天性,在授课中教师可借助多媒体设计一些限时抢答的环节,在规定的时间内回答问题,锻炼学生的快速反应能力,通过这样的设计可以提高学生的积极性。因为学生把它当作游戏,参与的积极性自然很高。同样的问题只要借助多媒体变换一下展现的形式,学生就会乐于参与。多媒体可以为我们创设游戏环境,同样的做题可能学生乐于参与的效果会较好一些。教学中设置游戏,其意义在于以新鲜的视角、更加多元的手段和生动的形式增进学习者对生活、对经验、对文化等的了解和体悟,这种了解和体悟完全建立在自愿和兴趣的基础上,并引起发自内心的探究活动。

(三) 师生关系的转变

师生关系在教学当中处于非常重要的位置,不仅是顺利完成教学活动的基本条件,还是师生在教育教学活动中情感、价值和意义的生动体现。一直以来,教师在教学中,除了传授知识外,还需要有情感的投入,这些情感因素会使得学生获得情感认知和情绪体验,从而使学生将对老师的情感顺移到课堂和课程上。师生关系会从课堂延续到课外,甚至一生。所谓"一日为师,终身为父"的观点,良好的师生关系对学生和老师都有长久的积极影响。

而在信息化教学当中,教师除了延续继承以往的师生关系外,还有新的变化。信息化教学以学生为主体,很多人觉得这样子会缺少老师的指导,取而代之的是生硬冰冷的数据,体现和人与电脑等工具的交流。其实不然,信息化教学同样有课堂中面对面语言交流和情感投入的师生关系,而相关网络平台更是拉近了课外师生之间的关系,即时互动更加频繁;信息化教学的优势是能够实时监控学生的学习情况,并针对相关情况对学生体现出来的不良学习态度进行纠正,让学生及时地将时间和精力投入到信息化学习当中,不再是枯燥地只单独面对课本;教师还可以利用信息化教学资源的优势,创建多姿多彩的高校英语学习情境,而在这个过程中,师生之间更容易形成心理交融的情感世界,从而实现整个教学过程中认知与情感的形成和发展。

三、信息化对英语教师教学能力的影响因素

信息化背景下对教师教学能力提出了新的要求，英语教师应该不断提升自身理论素养及业务能力，紧密结合当下新形势对教育教学的新要求，将信息技术与教育教学紧密融合。当前的教育形态打破了时空局限性，极大地提升了教育水平和教学效果。与此同时，新形势从教育观、教学能力和学习能力等方面对教师提出了新挑战，教育信息化时代迫切需要教师从自身理论素养和业务能力等进行全方位提升。

在此，对英语教师信息化教学能力归纳为顶层设计、学校和教师自身三大方面影响因素，最后根据不同的影响因素提出了相应的策略，以期帮助英语教师确立信息化教学观念，进一步提高教师信息化教学能力，提升英语教学质量。

（一）顶层设计因素

1. 信息化建设机制须进一步完善

为了实现教育现代化，使我国迈向信息化国家行列，国家在信息化建设方面出台相关政策和标准。虽然国家在理论指导和政策执行给出建议，具体的实施应该是各部门及各社会力量全方位进行实施，现代信息化技术的引领巨头企业是关键，尤其是信息化教育资源专门机构或者公司等营利性组织。国家在信息化建设方面可以积极鼓励这些企业的参与，众多IT企业也是推动信息化建设的重要参与者。

同时，除了非政府机构的参与，还要有完善的信息化建设测评体系，目前国家尚未正式颁布有关教师信息化能力的测评依据和标准，评价标准是国家信息化标准体系中的重要内容之一。

2. 在线教育须进一步加强监管

国家教育部发布"停课不停学"通知以后，全国各省都建立了资源共享平台并积极推进，但也有个别地区存在监管不力的现象，造成线上教学方式的教学效果及课后效果反馈良莠不齐。因此，需要对在线教学内容、教学效果等进行全面跟进和指导。

这次国内外史无前例的大规模在线教学，既有效降低了因为新冠疫情对正常教学秩序带来的负面影响，同时为当下教育大改革提供新的机遇。从客观上说，线上教学增强了学校、教师、学生及学生家长对教育信息化的重视程度，刺激了教育信息化的新革命。这次疫情让教师充分进行了信息化的教学体验，在信息化教学中所取得的经验也得到进一步推广，许多教学中存在的问题也在积极应对解决。

（二）学校因素

1. 智慧校园进一步更新改善

疫情的到来，在这突如其来的变化中，处在教学一线、服务于教学的教育信息工作者

更应该致力于数字化学习的变革。全国各地都在积极推进智慧校园的建设，这已经成为教育信息化的重要组成部分，是衡量教育现代化程度的重要标志。长期以来，在我国校园信息化建设过程中，总体主要偏硬件建设，在软件系统方面的投入相对甚少，忽视了软件平台系统在智慧校园建设中的重要性。在后期的智慧化校园建设应该加大学校的学习空间和教学资源的建设，还需要为教师推荐综合性的学习平台、专业优质的资源网站和专业的技术软件，帮助教师更好地完成教学任务。另外，还需要根据教学计划和教学平台增加与教育相关的各种类型的终端软件。不论疫情情况如何，都可以运用线上课堂进行教学，教师的教学和学生的学习都能得到足够的支撑。因此，在校园信息化建设中要以应用为本，从学校教学、教研、管理和后勤服务等实际需要出发，合理设计、开发适应智慧化校园的各种信息化系统平台。

2. 激励机制逐步完善

作为学校的管理者，如何提升信息化领导力并采用有效的激励手段来提升信息化能力发展，这是值得研究的课题。一个具有激励机制的学校环境对于提升教师的信息化教学水平具有重要意义。当前，诸如学校重视程度等这些外部环境因素也能对教师产生一定影响，强化外部动机诱因（如奖罚机制），就会形成合力激发教师的信息化教学能力。这也是当前信息化2.0工程"三提升一全面"的总体目标，学校领导及时高效的指导是提升教师信息化教学能力的前提和保障。在当前信息化和课程整合的背景下，学校可以从激励措施的制定等方面入手，鼓励教师提高信息化教学能力。学校管理者应该加强对培养教师信息化教学能力的重视，激励教师主动提升自身信息化教学能力。

3. 信息化教学能力培训日臻得到重视

随着混合式教学模式成为教学的常态，大部分学校已经制定了明确的信息化建设规划，出台提升教师信息化水平的实施方案和相应的考核方案，助力教师信息化教学能力的提升。例如，要尽可能更新并不断完善学校在软硬件的技术环境，有机地融合学科教研与现代教育信息技术，多措并举，为教师提供利用信息化技术备课和进行教学创新展示的平台。可以将线上研修与线下学校教师教研等混合等多种模式相融合，为教师培训提供长效的技术支持。

对培训而言，应该实操和理论并举给老师制定明确的目标，其间可以同步实际操作课，这样教师在培训过后可以对培训内容进行巩固并加以运用。并且，培训的内容也应该与时俱进，现在已经到了信息技术与课程深度融合阶段，培训质量与水平也应适应教学的创新发展。

(三)教师因素

1. 教师的教学理念更新

部分英语教师在课堂上还是遵循传统的教学模式,根据自身的教学经验开展教学,对教材内容的创新性教法探索等不够主动,对于学生学习积极性的调动不足,因而英语课堂教学效果不尽如人意。尤其是对于从教几十年的英语教师来说,由于自身年龄的关系,他们对于信息化教育背景下对教师提出的变革教学观念、创新教学方法等要求,大多抱有消极的态度。然而,随着信息时代的到来,在提高教学效果,激励学生学习动机,完善教学评价体系等方面还需要充分应用教育信息技术。因此,英语教师的发展需要满足当下信息化时代,不能拘囿于现状,要根据课程内容需要、结合学生的学习需求优化教学模式,更新教学方法。

教师的信息化能力是教育变革的核心。未来教育必然朝着信息化教育领域进行改革,教师的信息化水平是未来教育是否能顺利发展的决定性因素。在互联网普及的时代教育背景下,教师想要更好地进行教学活动的设计,完成教学环节,就需要提升信息化教学能力,既要更新相关理论和技能,又要转变观念。部分教师对于在教学中运用信息技术的理解较为片面,认为诸如使用多媒体课件、进行翻转课堂等就是信息技术的内容。英语学科和信息技术的融合并非将二者简单地重合或叠加,也不是仅仅将现代化技术应用于课堂,重要的是要让现代信息技术充分参与学科建设,在英语课程中融入现代信息技术,将其当作课程中极为重要的环节。需要明确的一点是,将英语课程与现代信息技术相融合是一个双向的过程。我们要将信息技术运用于课程创新,将英语课程与信息化能力充分融合。如何能在课程创新的过程中,充分开发并运用信息技术,也是值得探究的问题。

2. 加强信息化素养是时代的要求

当下学生身处于信息技术飞速发展的时代中,新科技等带来的电子产品已经融入学生的学习与生活的诸多方面。学生是信息时代下接受能力较强的群体,因此教师在教学中融入信息化技术是紧迫的时代需求。

运用现代信息化技术的课堂教学体现在学校竞赛或公开课展示等场合。在实际的教学中,多数教师仍旧固守传统的教学理念,基本依照教科书的编排顺序来完成整个课堂教学流程,有教师认为,信息化教学课堂不仅不会节约时间,反而会把教学的重点带偏,课堂教学效果也不能得到很好的保障。他们认为在课堂上采用传统教学模式更得心应手,不会出现因为自身信息技术能力不足而有可能造成的课堂上尴尬的场面。

长期以来,在很多学校中教师利用信息化教学的实践相对有限,教师能够提升自身信息化教学能力的机会不足,教师也产生了为了应付公开课或课堂竞赛等偶尔利用信息技术即可的心理。在课堂上极少教师会主动采用诸如任务型、合作探究等互动性较强的教学形式。课堂教学的评估也具有重要作用,在进行教学评估时,我们应当从学生的实际情况出发,分析在不同教学模式下学生学习效果的差别。约翰·杜威将主动因素和被动因素视为经验获得的两大因素,有些教师认为信息化能力可以主动接收,有些则认为信息化教学经验是被动接受。相对于老教师而言,年轻教师对于信息化教学普遍呈现乐于接受的态度,他们更易于学习接受信息化教学方式。当他们尝试频繁使用信息技术教学后,他们趋于将当前的信息技术运用于具体教学,而那些对信息技术使用较少的教师在尝试新型教学方式方面就显得更为被动。教师的信息化教学能力与其使用经验紧密相关,信息技术使用经验的主要来源教师自身的知识结构,来源于教师对教学活动实践、教学方法探究与课后反思。信息技术使用经验的缺乏会降低教师将信息技术应用于英语教学活动的意愿。同样,如果教师可以尝试将现代信息技术有效运用于课堂教学,同时又获得来自学生积极的反馈和好评,教师在今后的教学中会主动将现代信息技术应用于课堂教学,从而提升教学水平。因此,教师的学科背景、年龄、教学经验多种因素会影响其对现代信息技术的使用,上述因素对教师的信息化教学能力也会产生一定的影响。

3. 教师工作量带来的挑战

作为新手教师,首先要投入大量精力与时间来熟悉教学目标,承担教学任务和提升教学能力,此外还要参与班级事务的具体管理,再加上不同阶段的学生心理变化复杂,教师的引导非常重要,教师面临各种事情,将时间花在探索、实践信息技术与英语课程的整合上不够现实。与信息化教学能力的提升相比,教师更愿意在完成教学目标和班级管理方面下功夫。

与新任教师相比,教学经验丰富的骨干教师更加熟悉教学任务和教学目标,他们可以将更多的时间投入总体设计、课堂教学等环节,他们可以有效利用现代信息技术提高学生的自主学习能力,提升自身教学水平。并且进一步发现,一线骨干教师除了承担日常的教育教学工作以外,通常还会承担了一定的学校行政管理工作。与他们熟悉的教学相比,行政工作难度较大,事务较为繁杂,因此,将信息技术应用于教学改革对于他们而言是不小的挑战。

第二节 中小学英语教师的信息化能力

一、中小学英语教师信息化能力的内涵

英语不同于别的学科,它是一门外来语,由于受学习环境的影响,英语的学习在一定程度上受到很大限制,光靠记笔记是根本提高不了语言能力的,英语语言能力的提高还需

要依赖大量的实践活动。因此，英语学科的这一特殊性，决定了英语教师必须高度重视学生的语言环境创设工作，要最大限度地创造条件，以便拓宽学生接触英语的渠道。教师需要不断学习新技术、新技能，不断充实自己，并为学生学习英语专业技能的同时创造更好的英语学习条件，因为教师先进的教学技能无不影响着学生的英语水平。所以要成为一名合格的中小学英语教师，就要不断地学习现代信息技术、掌握现代教学方法、提高自身教学能力，这样才能不会被社会所淘汰。

信息时代下的信息素养主要包含人文、技术、经济和法律等多方面的知识和能力，是人们的综合能力，涉及众多领域。从功能性角度分析，它可以看作是一种信息技术，有利于人们理解、收集、评价和利用信息；从实践角度分析，它也可以看作是一种信息能力，要求人们熟练掌握信息技术，通过科学研究方法进行识别和推理。

综观信息素质的概念及其发展，信息素质包含基本知识和基本技能两个主要方面。具体包含以下几方面的内容：其一，信息识别能力；其二，信息分析和评价能力；其三，信息筛选和拒绝能力；其四，信息表达和分享能力；其五，信息创新能力，具备进取精神、创新意识，各种信息都能科学地用来解决遇到的问题。①

中小学英语教师的信息素养包括获得特定的计算机和网络知识，掌握常见知识以及各种英语教学软件的知识。一是能够熟练运用各类应用软件制作多媒体教学课件；二是能在各种媒体间建立逻辑连接，熟练处理文字信息、图像图形信息和音频视频信息；三是要学会如何在网上顺利查找和获取信息，如会利用网络搜索引擎检索信息，下载英语网络信息，掌握电子邮件的使用方法，在英语论坛上发表自己的观点等；四是学会一些常用的教育网站、英语专题网站、英语资源网站等的使用，并了解和使用常用的网络数据库，如中国学术期刊全文数据库、万方数据库、维普数据库等。

教师要想将信息技术与课程整合素养相结合，必须做到以下几点：首先，在教学前根据教学对象的差异和不同教学课程的特点，在紧密结合教学目标和内容的基础上，合理选择教学媒体和资源，从而为学生构建一个氛围良好的信息化教学环境；其次，教师应熟练掌握多媒体教学，以便在教学过程中可以轻松利用互联网进行辅助教学，有效地进行移动教学和教学资源的有机结合，提升师生之间的互动教学效果；再次，教师应能适当运用信息化评价手段，从而对学生学习进行及时、科学的评价，提升学习效率；最后，教师还应精通现代教育理论，熟悉信息化教学的方法和理论，并能有效地把信息技术与课程结合起来，有效提高教学质量，同时还能正确处理现代信息化教学背景下的教与学的关系。

---

① 王涛．教育信息化背景下高校教师信息素养的培养路径［J］．西部素质教育，2020．

二、中小学英语教师信息化能力的现状

（一）高素质师资匮乏

教育信息化的过程既是学生的一个普及过程也是教师的一个普及过程。教育信息化的普及要求教师要提高信息技术能力，整合教育素养、科学素养。教育信息化在一定程度上可以改变学生的学习方式，也可以改变教师的教学方法，以此达到学生的学和教师的教的最优化效果。在当今的教育新环境下，素质教育的教学模式、教学媒介、教学技术亦发生了天翻地覆的变化，这些变化给教师的教学带来了许多前所未有的考验。在这种新形势下，教师不仅要扩充自身的教育技术理论知识，还得有了解和掌握现代化的媒体使用能力，要达到能够自己设计教学软件来优化教学设计，在进行日常的教学工作中要积极探索和创造新的教学方法，紧跟时代发展的潮流。

当前形势下，只有少数教师受过专业的信息技术培训，大部分教师是通过上岗后自学并结合自己日积月累的教学经验来开展教学工作的，自然就避免不了有相当一部分教师跟不上时代步伐，教学方法老套、教学观念落后、课堂教学效率低下。还有很大一部分县（市）以下的学校教师队伍整体年龄偏大，自身具备的知识结构落后、知识面狭窄，而且学历偏低、教育观念落后、教学方法陈旧，不能适应学生的实际发展需要；还有大多数的教师没有良好的信息化教学能力，很多偏远地区的师资力量已经无法适应现在大国教育的需要。面对改革后的义务教育新课程，加大偏远地区的教育投入势在必行。

（二）信息化教学的硬件须改善更新

信息化教学作为信息化教育的核心，其基础是信息资源的建设，一些大城市的学校在信息资源建设方面能够跟上时代的发展，但是也有部分中小学所经营的大多数硬件设施都无法跟上信息技术的飞速发展。英语教学设施逐渐老化，多媒体教室和实验室的建设也做不到适时更新，因而阻碍了教师的信息教育活动，也影响了教师采用基于信息教学方法的热情。另外，由于缺乏教室资源和教师，英语教师不得不在较大的班级进行教学，在一定程度上也将影响英语教学活动的发展，教师没办法做到对每个学生都关注到位，也就无法了解学生的个体性差异。

三、如何发展中小学教师教育信息化能力

（一）加强对教育信息化素养的认识

一些英语教师愿意使用信息技术来辅助他们的英语教学活动，并且也乐于理解和掌握信息技术。英语教师必须树立良好的职业道德，要有责任心和工作作风，努力克服困难，提高教学活动的质量，并同等重视教育和研究，将两者合二为一。教师使用信息技术进行

教学的同时，也不能仅仅依靠教师来探索，自我学习的过程需要大量的时间、精力和耐心。学校应鼓励教师参加信息技术培训并提供全力支持，让教师在有限的时间里面学会掌握信息技术技能，并将其用于英语教学活动中。努力提高教师的信息化教学能力，并将教育设计和信息技术整合为一体，逐渐从传统的"单向教育"转变为"教学相长"。

为了全面提高教师的信息化教学能力，不仅领导层面的观念需要转变，而且教师自身也必须首先扭转保守的观念。教师应采取正确的态度，坚持活到老学到老的理念，更新自己的知识系统，紧跟时代的步伐，并将信息技术应用于教育教学，充分理解信息技术在辅助教育活动中的作用。具体说来，教师应做到以下几点：首先，教师需要积极响应信息化教学的推广思想，并意识到当今时代在教育领域的重大影响。其次，老师需要改变态度，加深对信息化教育的理解。再次，教师需要善于利用信息资源进行自学，例如，在业余时间可以在网上搜集各地知名的教师信息教育的案例，从他人的教学经验中学习并改善教学活动。此外，教师应发扬创新精神，进行网络资源的第二次转化，并将其用于自己的教学活动中。

（二）完善激励制度和评价体系

为了改善中小学英语教学的现状，要充分了解中小学学生的综合特点，尽量做到满足学生的兴趣和爱好。信息时代的学生离不开手机，在信息化课堂里可以激发学生的兴趣，帮助他们发挥最大的潜力。为了发展教师的信息化能力，建立科学可行的教师信息化能力评价与激励机制十分必要。

学校要深刻领会和准确把握教育信息化2.0的新内涵、新要求和新任务，紧扣"深度融合"和"创新发展"两个核心要求，转变思路，创新工作，加快推动信息技术与教育深度融合，凸显中小学教育信息化的特色和亮点。为提升中小学英语教师专业素养和信息化水平，鼓励教师运用新技术辅助课堂教学，促进信息技术与课堂教学的深度融合，创新教学模式，提高课堂效果。学校要积极组织教师开展相关的教师信息化能力培训工作，进一步提升教师的信息化能力，帮助广大英语教师更新教学理念，改进课堂教学模式，充分运用信息技术和互联网等手段提高学生的英语语言能力，落实学科核心素养。

（三）完善信息化教学实施的软硬件资源

中学英语教学中，学校和教师在教学方法的选择上应坚持与时俱进、创新的理念。具体地说，是信息技术与英语教学的有机结合。如在日常教学中，教师可利用微课堂激发学生的学习兴趣，使课堂个性化、趣味性、灵活性强。另外，在当前的教学环境下，学生在学习过程中往往处于主导地位，借助信息技术、在线英语教学平台等教学手段，也能大大提高学生的学习兴趣。与此同时，通过互动式探究学习，辅以教师指导，不仅能系统地掌握课堂知识，而且使学生能灵活运用，激发学生的学习兴趣，有效培养其"听、说"能力，提高教师的个性化教学能力。

总体上，通过整合当前多媒体技术的开发与应用，提高英语教学质量，围绕中小学英语教学现状，学习新型实用的助教 APP，使信息资源更加完善，也有利于提高教师备课的有效性，增强英语课堂的趣味性。

第三节 大学英语教师的信息化能力

一、大学英语教师信息化能力的现状

（一）信息化能力存在差异

在大学的英语教师中，信息能力主要是由于年龄差异造成的。由于环境和接受性等因素，青年教师相对容易接受基于信息化的教育，精通使用不同的信息教学方法，并有能力学习不同的信息教育模式。相对而言，计算机教育无疑对 46~65 岁年龄组的中老年教师产生了影响和挑战。由于这些群体长期以来接受传统的教学方法，因此随着时间的流逝，已成为一种习惯和惯性。对于他们而言，需要在教学方法和概念上重新进行信息化教学，相对而言，难度要高得多。因此，一些中老年教师在信息化教学的过程中相对减少对计算机教学的应用，大多作为辅助和补充，针对中老年教师的培训十分必要和紧迫。

（二）信息技术的使用目标不明确

一些英语老师不习惯或者很少使用信息技术，他们局限于理解和吸收与教科书有关的新知识，而是满足于现有书本和黑板的教学，并将现有书本一成不变的知识传达给学生。对于新知识、新技术了解有限，使英语教育的内容和形式更新缓慢。如果教师的信息化意识没有改变，对于使用信息技术没有明确的需求，并且信息技术在教育中的使用只是一种可有可无的教学手段，将不可避免地影响学生提高信息素养和获取更多信息的能力。

（三）培训体系有待完善

面对教育信息化高速发展的必然趋势，教学形式和方法也是各不相同。因此，应该具有相应的教育信息化培训体系，制定完善的培训层次，才能使教师真正理解教育信息化的内涵。从整体上来讲，教师信息化培训还不够完善，一方面没有形成系统化的教师培训；另一方面关于教师信息化素养结果的考核体系尚不健全，且考核标准也不统一。就学校而言，部分学校由于资金等各种原因对教师信息化素养培养不够重视，没有进行教师教学与教育信息化挂钩的要求，就算有一些培训也只是浮于表面。教师信息化素养培训也在紧锣密鼓地开展着，但其效果却不尽如人意。

二、如何发展大学英语教师信息化教学能力

（一）强化信息教学能力意识

教师作为教学过程中的关键角色，在信息化教学的主动融入尤为重要。如果教师无法适应信息化的教学模式，甚至拒学或拒绝这种教学模式，那么教学方式势必会跟不上时代的发展。大学英语教师只有主动接受和创新教学模式，才能转变教学理念，跟上教育改革的步伐。

在信息化教学当中，教师要有一个角色和模式的认知。首先，在信息化教学中教师发挥着主导性的作用，学生是教学的主体，教师不仅需要激发学生对自学的兴趣，还需要鼓励他们发扬创新精神，需要充分利用信息技术带来的优势，为学生提供信息化学习的平台和机会，才能实现在教学中学习者和信息化教学融会贯通的状态。除此之外，教师还须利用自身对信息化教学模式进行深入的摸索，在实践中理解其真正内涵，不断优化自己的信息化教学水平。教师必须清楚地认识到，在当今高速发展的社会里，包括教师本身在内，不进步就相当于被淘汰。对于只注重学生学习结果的单一枯燥的讲授式教学模式，只能让学生单纯地具有一定的知识容量和储备，这样教学出的人才能力远远无法满足社会、市场对人才的高标准要求。大学英语老师需要在教授学生如何积极学习和创新的同时，向他们提供知识和技能。

（二）持续开展信息化教学能力提升培训

教师培训已成为提高教师教学信息化能力的重要途径。一方面，教师对培训的有效性寄予厚望，并希望他们能够在培训期间提高自己的能力。同时，教育部、社会和学校等发起了各种类型的教师培训项目，以提高教师的信息化教学能力。教师培训可以作为提高教师信息教学能力的有效手段，因此教师信息教学能力的培养应从以下几个方面入手。

1. 政府与学校合力培养

据目前我国发展状况来看，提升教师信息化素养主要依靠政府支持和学校建设。在政府层面上，要扩大财政支出比例和资金，投入信息化基础建设，同时在全国各地设置各种专业培训机构和咨询平台；在学校层面上，要根据学校的实际情况和经济实力，建设校园网和电子阅览室等，为教师提供各种学习平台，同时结合地方特色组织教师技能大赛、科技研发项目等，对教师进行培养和培训，以提高教师信息化教学能力和信息化素养。

2. 培训过程规范化、系统化

教师培训要有针对性和有计划性的进行，主要从培训内容、培训形式以及环境来规范。首先，教师培训内容离不开最基本的教育理论知识、学科知识、教育心理学知识，还

要包括互联网技术知识、多媒体操作技能。培训重点应该放在信息技术与教学的有机结合上，在开发网络信息资源的过程中提高信息能力。其次，创新培训形式，一是借助互联网进行集体实战研究和学习，集体授课，采取线上教学和线下辅导；二是加强教师自主学习，布置学习任务，规定在一定时间段内完成即可；最后，在培训环境上，须设置专门人员来管理，保证教师在接受培训时及时获得帮助，以便更有效地掌握信息技术。

（三）完善教学网络生态建设

信息化教学基本以信息、网络技术为前提条件，信息技术是教学的基础，成为教学的一种重要手段。目前，市场已经开发的教学软件很多便是基于信息网络技术。比如前面提到的蓝墨云APP、多媒体课件、教学视频、图片资料、音频等。大学英语信息化教学建设在近几年取得了非常大的进步，大学英语信息化教学网络生态建设得到了进一步完善，为信息化教学提供网络保障。

校园网络建设需要学校相关职能部门进行统筹规划，为整体的信息化教学服务。没有校园网络建设的齐全，信息化教学就无法有效实施。然而，随着信息化教学要求越来越高，许多"安逸"生存的大学院校在软硬件上都已经跟不上时代需求。特别是在网络生态建设上面，都远远无法满足英语信息化教学的发展需要。因此，大学必须首先加强校园网络生态环境的建设，在软件系统、硬件设施上都有相应的配给，加强信息化教学基础设备的投入，加强校园网络的更新升级，更好地为信息化教学服务。当然，校园网络建设需要一定的人力、物力和财力，需要学校本身具备一定的实力才能完成，大学可根据本身的实际进行投入，否则影响学校其他方面的发展。

参考文献

[1] 白爱娃. 和谐教育背景下大学英语课程资源开发与利用 [A]. 科教导刊（上旬刊），2015（3）：139-140.

[2] 陈刚妮. 高校英语教师信息化能力培养探究 [A]. 中国教育信息化，2016（4）：75-77.

[3] 程辉. 信息时代大学英语教育现状与教学模式探究 [M]. 北京：中国社会科学出版社，2019.

[4] 程瑾瑜. 大学英语教学政策在体育院校的执行与反思 [M]. 武汉：武汉大学出版社，2016：113-119.

[5] 崔国新. 探索小学英语趣味教学的创新策略 [A]. 福建省商贸协会. 华南教育信息化研究经验交流会2021论文汇编（三）[C]. 福建省商贸协会，2021：7.

[6] 党艳霞. 中学英语教师信息化教学能力现状分析与对策研究——以甘肃省定西市为例 [D]. 兰州：西北师范大学，2013.

[7] 董欢. 高校英语教学翻转课堂的信息化建设思考 [J]. 决策探索（中），2021（06）：71-72.

[8] 顾秀梅，陈彩珍. "一带一路"背景下高职院校外语教育策略 [J]. 中国职业技术教育，2017（1）：64-69.

[9] 何志广. 让学生成为英语课堂教学活动的主人 [J]. 基础教育论坛，2016（06）：19-21.

[10] 贾芝. "互联网+"时代大学英语混合式学习模式研究 [J]. 科教导刊（下），2019（36）：29-30.

[11] 李静红. 基于信息技术的高中英语教学模式的研究与实践 [D]. 扬州：扬州大学，2019.

[12] 李晓燕，王志雄. 信息化背景下"翻转课堂"模式在大学英语教学中应用的可行性分析 [J]. 英语广场，2015（12）：93-94.

[13] 梁文. "互联网+"背景下中小学英语教学模式改革 [J]. 鞍山师范学院学报，2016，18（5）：37-40.

［14］倪玉琴，陆松岩，赵明明．教育信息化视阈中的开放教育公共课程资源建设研究［J］．成人教育，2016，36（3）：78-82．

［15］钱满秋．现阶段大学英语教学改革研究［M］．北京：理工大学出版社，2017：16-30．

［16］邵婷．信息化环境下高职大学英语教学现状调查［J］．宿州教育学院学报，2017，20（2）：128-129．

［17］王绍月．探究式教学在初中英语阅读教学中的行动研究［D］．沈阳：沈阳师范大学，2021．

［18］王占九．大学英语教学系统与信息反馈模式［M］．杭州：浙江大学出版社，2016．

［19］武琳．大学英语教学模式与课程建设研究［M］．长春：吉林大学出版社，2016：133-135．

［20］薛晶滢，倪小勇．教育信息化趋势下的大学英语教学改革探析［J］．中国教育信息化，2015（24）：42-45．

［21］张敏，李宝荣，吴薇．中学英语教学设计优化策略［M］．北京：北京师范大学出版社，2016．

［22］张蓉．关于高校英语教学翻转课堂的信息化建设探讨［J］．海外英语，2021（02）：175-176．

［23］张婷婷．"互联网+"背景下提升英语教师信息化能力策略研究［J］．中国民族博览，2017（24）：94-95．

附录1 精品开放课程项目总结

精品开放课程项目是一个团队项目,旨在以占大学英语课程重要地位的视听说课堂教学为切入点,利用现代信息技术,把信息技术与课程进行生态化整合,营造一种信息化教学环境,实现一种既能发挥教师主导作用又能充分激发学生的自主学习能力的教与学的方式,从根本上改变传统的以教师为中心的课堂教学结构,形成以学生为主体,教师为主导的新型教学结构。同时,精品开放课程的建设充分发挥外语教师队伍中的人才优势,展现教师先进的教学理念、独特的教学方法和丰硕的教学成果。此外,本项目力求在帮助学生切实提高语言交际能力的同时,还能引导他们辨别多元视角、对比不同文化、深入思考问题,帮助学生成为具有社会责任感、国际视野和创新精神的高素质人才。精品开放课程历经三年的建设,取得了如下成果:

一、构建全新的教学理念

精品开放课程的建设,是一个探索与创新的过程,如何利用最先进的教学理论,使课堂效果最大化,使学生的产出能够与实际相结合,避免"学用分离"的弊端。本项目主要将以下几种教学理念和理论相融合,构建了适合本校学生特点和水平的理论体系:第一,产出导向法(production-oriented approach,简称POA)。由北京外国语大学中国外语与教育研究中心团队于2015年创建,继承了古代《学记》中优良的教育传统,借鉴了国外外语教学理论,体现了唯物辩证法基本理念,强调学中用、用中学、边学边用、边用边学,学用无缝对接。第二,混合式学习理论。该理论强调了各种教学理论对信息技术与教学融合的意义和作用,这是最近几年大学英语教学改革的主要方向。第三,将建构主义学习理论、模拟学习理论、情境学习理论、协作学习理论互相融合、交叉,应用于"替代性世界"的教学环境中。"替代性世界"具有沉浸式和社会性的特点,这与英语视听说的学习适用条件非常吻合。而作为建构主义学习理论的拓展,模拟学习(SBL)理论也在"替代性世界"中找到了相应的应用领地。

将这些理论应用于课堂教学,主要体现在微课、翻转课堂及混合式课堂的探索与实践。微课以视频(流媒体)为载体、目标单一、内容短小、时间短、便于学习的课堂。微课是一段与教学相关的视频,只有在有学生参与的情况下,才能称之为微"课",其本质是一种服务于教师教和学生学的新型课程资源。具有以学习为中心、情境化、可视化的特点，是对传统语言课堂学习的一种重要补充和资源拓展。与传统的课堂相比，微课承担了传统教师的角色，而教师成为了学生学习的指导者、促进者和答疑者，学生也由知识的被动接受者变为主动探究者，体现了以学习为中心、以学习者为本的教学理念。通过微课学生可以先在线学习，然后在课堂上与教师面对面学习，形成混合学习模式。微课在翻转课堂中的应用，改变了传统的课堂教学组织形式，学生学习的场所不再局限于教室，只要想学习随时随地就可以进行。学生在观看视频时遇到的问题可以带到课堂上来解决或与教师和同学交流互动，及时获得解答。教师也可以基于学生的学习反馈，对微课视频进行修改、完善，实现动态更新。

本团队教师积极参与微课建设，2017年11月，张云鹤、陈柏羽、陈文雅、王秀芹、李恒获得"第三届中国外语微课大赛"广东省二等奖。霍春红老师获得"第三届中国外语微课大赛"广东省三等奖。

在对视听说课程教学改革中，精品课团队成员尝试混合式教学模式，即将基于网络的自主学习和教师课堂面授相结合，绝大多数学生认为通过"学生网络自主学习＋教师课堂面授"的混合式教学模式教学效果比较好。互联网为英语教学提供了全新的学习环境，但同时也带来了情感缺失问题，而师生情感交流是决定课堂教学成败的一个很重要的因素。教师要创造情感交流的条件，如学生可以在QQ平台和微信等及时和老师进行沟通，解决学生在自主学习中遇到的问题，支持学生实施个性化学习。

"学生自我指导式学习与授课"的翻转课堂模式充分考虑了语言教学的特点，强调教师的即时指导，且要求学生充分利用线上线下丰富的语言资源，通过全面参与学习过程来提高自身的自主学习能力。在翻转课堂背景下通过手中现有的信息化条件，实现大学英语课堂内外的多维互动，使学生可以通过师生、生生、生网互动，在课堂内外得到同学或老师的帮助，实现个性化学习。通过基于翻转课堂的大学英语教学模式的构建，提高学生学习英语的积极性和主动性，使他们形成并提升自主学习能力；建立与基于翻转课堂的大学英语教学相配套的多元评价模式，注重对学生的多元评价，把学生在学习过程中的表现量化，评价完全融合在教与学的过程中，贯穿于教学的始终，培养学生对自己学习负责的责任感。

杨莉老师对于混合式教学模式不断探索，并申请立项了学校质量工程项目《基于微课的大学英语混合式教学模式创新与探索》，王佳文申请立项了学校质量工程项目《基于微信平台的大学英语口语教学模式探析》，王柳媛申请立项了学校质量工程项目《微信平台在英语视听说课堂的应用研究》，王晓宇申请立项了学校质量工程项目《基于移动互联网学习环境的大学英语教学探索》，杨静申请立项了学校质量工程项目《基于词汇的翻转课堂词汇教学模式探索与实践》。

二、精品资源建设

（1）完善与教材配套的资源，遴选适合学生水平、激发学生兴趣的信息材料是精品课堂建设的基石。该项内容包括更新制作原有课件、编写电子教案、通过各种媒介为学生提供各种课内课外视听说素材。此外，该项建设的一个重要内容就是精品课网站建设及微信平台建设。本项目负责人带领学生团队在2015年4月份已经建立了资源共享网站及微信平台（Weshare）。平台资源涵盖了教学资源、课外阅读资源、写作资源及大量的视听资源。另外还开辟了微信英语角。将移动互联网技术应用于视听说课堂是实现精品资源共享的又一次传播革命。通过这一平台，师生之间可以实现文字、图片、视频、语音的全方位沟通、互动。项目负责人组织团队成员将网络资源分成几个模块，主要包括以下内容：

首先，教师之间的资源共享模块，主要包括：①在教育部颁布的《大学英语课程教学要求》的基础上，根据本学院的学生特点，制定独具特色的英语精品开放课教学大纲；②编写每一单元精品课电子教案；③试题库。其次，师生之间共享资源模块，主要包括：①将课后练习题及答案制作课件，方便学生自主学习；②项目组成员从世界各大英文媒体定期下载mp3格式的音频节目、视频节目，然后将之归类收集整理，提供给学生下载至MP3随时收听；③定期上传英语电影、视频；④编写与每个单元相对应的课前和课后讨论题目，并提供相应的材料链接；⑤上传四六级听力材料等。最后，师生互动模块，主要包括：①在线答疑；②网上英语角。精品资源建设是个持续、不断完善的过程，团队成员通过定期开会，线上线下讨论，最终形成了比较完备的教学资源。

（2）U校园及移动APP的使用。日益深入的教育信息化、现代化为高校外语教学带来了更多挑战。外研社推出了U校园智慧教学云平台（unipus.cn），以培养人才核心竞争力，构建智慧教学环境，推行高效便捷的教学管理。这一平台不仅拥有丰富立体的教学资源、能创造互动有趣的教学环境，而且还能帮助老师进行科学权威的智能评测，为高等院校外语教学提供教、学、评、测、研的一站式混合教学解决方案。U校园与教师教学需求紧密结合，通过对日常教学的协助及混合式教学解决方案的提供，让英语教学变得更加智慧、高效。

教学团队成员不断结合国家大学英语教改趋势、前线教师的教学经验，并考虑到学生的特点，率先提议以线上平台为辅助学习方式，鼓励学生充分利用线上资源，课前与课后可利用移动APP及时预习与复习所学知识，加强学生语言综合能力的学习与运用，一定程度上弥补英语课堂授课学时的不足。教学团队成员在课堂教学过程中，不断提醒、督促学生利用丰富的平台学习资源，进行有效的自主学习。学生通过自己每周进行的英语教程线上学习，不断提升对英语学习的信心，增强了自主学习能力，也最终提升了英语运用能力。对目前网络环境之下学院的大部分学生而言，手机终端是吸引他们使用的驱动力之一，因为他们可以充分利用日常生活中零散的时间，进行移动式碎片化学习。另外，移动APP中不仅有和教程每个单元相配套的课文学习内容，而且每单元还有一些额外的口语、听力、训练题，特别有助于学生提高听、说运用能力。移动APP弥补教师大学英语授课学时不够的问题，另一方面也给教师提供了英语教学研究的平台。

（3）全新的课堂设计与视频公开课建设。这是精品课项目建设的重要内容，主要体现在教学方式和教学内容上：在教学方式上构筑一个认知基础平台，在内容上构筑一个知识基础平台。在教学方式设计上的创新主要包括：①能够采用恰当的形式来实现师生互动，实行探究式、辩论式、参与式教学，启迪学生思考。该团队还尝试"双师同堂"的教学模式，让学生感到耳目一新，极大地激发了学生对于英语的兴趣，教师不同的思维方式也帮助了学生从不同角度思考问题，培养了学生的思辨能力。②恰当地综合运用现代教学技术和传统教学手段，以最佳方式教学，充分利用移动APP和U校园网络学习资源，使学生能够做到立体化学习。同时，在内容的设计上，体现以有效知识为主体，兼具前沿性和时代性，构建支持学生终身学习的知识基础，引导学生适应时代发展。

在视频公开课建设方面，项目组组织团队成员对在学院和省级教学比赛中获得优异成绩的教师，全程观摩听课，共同研讨教学中的每一个细节，为每位教师打造个性化的教学方法，最后从新视野大学英语视听说教程共三册书中选取不同题材，不同体裁，具有代表性的10个单元，最后由8位教师分别演绎这10个单元，以期达到全程录像的最佳效果。本课程以采用先进的课堂录像方式，将教学PPT和课堂视频通过微软的Producer for PowerPoint进行编辑，让板书与教师声音图像同步出现。

（4）全新的评估手段。视听说的评估手段是表现性评价，有助于英语学科教、学、评一体化。视听说的评估手段是边学边评的形式，不仅限于课堂，也包括课外的英语活动评估。英语学科表现性评价设计的原则之一就是与英语学科核心素养发展目标一致。英语学科核心素养发展目标包含语言能力目标、文化意识目标、思维品质目标和学习能力目标。英语学科表现性评价关注学生在语言能力、文化意识、思维品质、学习能力等维度的整体表现与协调发展，关注学生在完成表现性任务过程。课内的评估手段有presentation，课堂讨论参与的程度，回答问题的质量等都是评估的手段。课外的评估手段包括作业的完成质量，是否积极参与英语口语比赛等。期末的口语考试也以多种形式呈现，改变以往老师提问、学生回答的考试形式，学生可以演讲、配音、表演话剧等方式参与考试，这种评估手段除了激发学生的学习兴趣，学生在考试方面有更多的自主选择权，另外，学生也可以通过不同的原版话剧表演等，培养跨文化意识。

表现性评价的实质和内涵是学生通过完成真实或模拟真实的表现性任务，促进学生与所学英语语言知识及技能的融合，与此同时伴随着学生的能力再生长的过程。

（5）缔造精品队伍。该项目组注重"金课教师"团队的打造，项目组教师全部是本单位的一线精英教师，教学经验丰富且团结协作精神好，业务素质高，教师责任感强，教学效果优秀。团队成员主要由中青年教师构成，他们善于运用现代化多媒体技术，寓教于乐，大胆创新，注重学生个性培养；许多青年教师在教学经验丰富的老教师的指导和培养下，逐步形成了先进的教学理念，能够充分发挥各种教学方法的优势，在教学实践中做到融会贯通，逐渐走向成熟。多名教师参加过学院青年教师大赛、外研社杯"教学之星"及外教社杯课堂教学大赛，取得了优秀的成绩，也彰显了团队的力量。

霍春红老师荣获2017年外研社"教学之星"大赛复赛季军；陈柏羽老师荣获吉林大学珠海学院第六届青年教师大赛三等奖，2018年荣获外研社"教学之星"大赛复赛亚军；张云鹤老师荣获2020年外研社"教学之星"大赛全国复赛一等奖。

（6）科研成果。精品课团队在不断的教学实践与探索中总结了宝贵的教学经验，并形成了具备自己的教学特色和理论，在此基础上，团队成员发表论文多篇，形成了以教促研、以研辅教的精英教学科研团队。

精品开放课程是信息技术与高等教育深度融合的产物，它引领教学变革，促进教育公平，具有高阶性、创新性和挑战度的特征，是线上"金课"的代表。通过精品开放课程的建设这样一个过程手段，除了形成外语视听说的精品开放课程，对学院的教学起示范性带动的作用外，更根本的是要形成一支精品教师队伍，由此培养、吸引和带动其他教师，使外语中心的大部分教师都能成为精品教师，这样，学院的教学水平才会有大幅提高，才能不断地提升学院的地位、层次。

附录2 线上线下教学项目

1. 课程基本情况

课程名称			实用英语视听说					
课程总学分	2	总学时	48	理论学时	32	实践学时	16

1.1 课程定位（主要包括本课程在人才培养计划中的作用及对毕业要求（或培养要求）达成的支撑情况）

珠海科技学院是一所综合型应用型高等学校，人才培养目标是为粤港澳大湾区经济社会发展输送德智体美全面发展的应用型人才。珠海科技学院刚刚完成转型，正处在一个充满机遇和挑战的时刻，对于人才培养也提出了全新要求。大学英语教学作为高等外语教育的重要组成部分，无疑是新型人才培养这一使命的重要承担者之一。

面对时代的召唤，公共外语教育学院充分结合自身特色，积极探索培养国际化应用型人才的有效路径和特色方法，在课程建设方面进行了诸多有益探索与积极创新。从2018年开始，公共外语教育学院按照"以学生为中心""为专业服务"的理念设置大学英语课程：从2018级学生开始，在通识英语的基础上，增加ESP（English for Special Purpose）课程，而实用英语视听说是ESP课程中的一门。

ESP课程对于强调英语在专业领域内的运用及文化素养的培养起了重要作用，是在通用大学英语基础上的拓展和延伸，是非常必要的。实用英语视听说课程围绕立德树人的根本任务，结合每单元语言学习目标，培养学生扎实的外语听说能力、良好的人文素养和高尚的道德情操等关键能力，为后续的专门用途英语和学术英语等课程的学习打下基础。

1.2 课程特色（与校内外同类课程相比，说明本课程的亮点、特色）

（1）本课程是在通识英语的基础上，针对不同学院的专业特色，由学院根据学生的专业特点及就业方向自主选择的拓展类课程。在新文科背景下，拓展类课程的开设是大学英语教学改革有益的尝试。公共外语学院根据各学院不同的需求，对课程进行了分层、分类，并采用混合式教学模式，融入课程思政，努力达到语言知识、语言能力、人文素养和学科特色四合一的目标，为地区经济发展需求服务。

（2）形成了反映校本特色、动态开放、较为科学合理的大学英语课程体系。大学英语教学改革与时俱进，不断动态调整课程体系，以适应立体化、网络化、个性化英语教学和学习实际需要。公共外语教育学院从2015年开始逐步探索改革大学英语课程体系，开设了既注重实用性又兼顾趣味性、涵盖语言文化等方面的特色英语拓展课，在充分了解学生需求的基础上，更新语言教学理念，以适应与满足应用型人才培养的需要。

（3）注重线上线下教学相结合，为学生开展丰富的课外实践活动，是该课程的一大亮点。在学生中实施"以赛促学"，构建英语第二课堂综合实践教学体系；在教师中开展"以赛促教""以研促教"，加强青年教师培养，创建"教学+教研+教学成果总结"三位一体的发展模式。以上措施有效促进了语言学习、技能提升与校园文化建设的有机融合，促进大学英语课程体系更加科学化、合理化。

此举显著提升了学生英语应用能力，同时充分体现了以课程育人为抓手，落实新时代对人才培养的新要求。

1.3 课程基础（目前本课程的开设情况，开设时间、授课对象、授课人数，以及相关教学资源储备情况）

（1）开设时间及授课对象：自 2019 年秋季学期开始在二年级本科生中进行第一轮教学实践，每轮课的授课周期是一个学期。截至 2021 年 6 月，本课程共完成了四轮教学实践。

选修本门课程的学院有：机械学院部分专业、公共管理学院、药食学院、健康学院、应用统计学院，每学年共计 700 人左右。

（2）教学资源储备

①成熟的教学团队：从开设本门课程伊始，就已经建立了稳定的教学团队，在团队负责人的带领下实行集体备课，资源共享。本项目的负责人也是本门课程的负责人。团队老师参加了各级技能比赛，成果辉煌。包括校级青年教师教学大赛、中国外语微课大赛、外研社"教学之星"大赛、外教社"课堂教学"大赛等。

②国内权威出版社的立体化教材：本门课程所选用的教材是外语教学与研究出版社出版的《大学英语听说教程 3》主编：陈向京，2017 年 8 月第一版。

③多元立体教学资源：外研社智慧教学平台：http：//heep.unipus.cn 外研社高等英语教学网；移动端数字课程 U 校园；教学课件 PPT 混合式教学辅助软件：雨课堂；公共外语教育学院微信公众号。

（3）丰富的第二课堂实践活动：为增强学生在真实情境中的英语听说能力，公共外语教育学院定期举办朗读比赛，并且鼓励学生积极参与各类市级省级演讲比赛，是课堂教学积极有益的补充和延伸。

2. 线上线下混合式教学模式改革方案

（本课程采用线上线下混合式教学模式改革的设计方案，包括：①课内外学时及学习内容分配；②课前知识点化的教学视频；③自主学习任务单设计；④问题反馈机制设计；⑤课堂学习活动设计；⑥课外作业；⑦辅助学习资源建设；⑧评价考核标准和方式等内容，可附页）

（1）课内外学时及学习内容分配：本门课程包括 8 个单元的主题学习，每个单元 6 学时，共计 48 学时。每单元线上线下学习课时具体分配如下：

项目	学习市场	学习形式	学习内容
课前	0.5 或 1	线上	听、看单元材料获取相关话题的知识和信息
课中	4	线下	教师对学生线上学习的知识进行测试，课堂上对教师设计的问题展开讨论或发表看法，在教师的引导下进行产出活动
课后	1.5 或 1	线上	（1）通过 group project 将话题进一步深化，最后形成情境对话、演讲或其他形式作业 （2）完成 U 校园上面布置的听力作业

(2) 课前知识点化的教学视频

题目名称	教学视频	自主学习任务单
Unit 1 All roads lead to Rome	TED, Richard St. John 8 secrets of success	(1) 成功的8个秘诀是什么？ (2) 理解成功的内涵：什么是真正的成功？
Unit 2 Challenge yourself	观看 A Miracle Worker 关于海伦·凯勒的成长片段	(1) 如何看待海伦·凯勒的成功人生？ (2) 你是喜欢生活在舒适圈里的人吗？年轻人应该具有怎样的挑战精神？
Unit 3 A wonderful life	(1) 欣赏 Bob Dylan 的两首歌曲：Like A Rolling Stone 和 Blowing In The Wind (2) 优酷视频：Bill Cunningham	(1) 鲍勃·迪伦的音乐风格是什么？他获得诺贝尔文学奖的原因是什么？ (2) 如何看待街拍达人比尔·卡宁汉的生活热情和人生追求？
Unit 4 Here and there	优酷视频：Introducing Google Trips	以华为为例，如何看待创新精神在科技发展中的地位？
Unit 5 Workplace wisdom	电影欣赏：穿 PRADA 的恶魔	(1) 职场的成功秘诀有哪些？ (2) 如何取得面试成功？
Unit 6 The call of peace	电影欣赏：War and Peace（战争与和平）	(1) 查阅中国第二次世界大战历史。 (2) 作为年青一代，如何珍惜来之不易的和平？
Unit 7 Economic drive	查阅 China Daily 上有关最近一年中国经济发展的新闻	(1) 经济发展的驱动力是什么？ (2) 作为经济发展的后浪，年青一代如何为未来的经济发展做出贡献？
Unit 8 To be a better parent	电影欣赏：Kramer V. S. Kramer	父母在孩子成长中的重要作用是什么？

(3) 问题反馈机制设计

①通过 U 校园云平台或学生手机端 APP，反馈与作业相关的问题，教师实现在线解答。

②通过课堂讨论，教师给予个性化指导或共性问题指导。

③通过课堂实现师生互动。

(4) 课堂学习活动设计

①教学设计及教学过程。本课程的教学设计以产出导向法（Production-oriented Approach，POA）为理论基础，依照驱动、促成、评价3个教学环节设计实施课堂教学。

借助学习平台和雨课堂,采用"研讨+自主"混合式教学模式,积极贯彻"学生中心、产出导向、持续改进"的理念,将经验式教学转变为数据驱动教学,实现课前先行探索、课中协作研讨、课后拓展巩固,颠覆了传统课堂教学流程,实现了以"教"为主向以"学"为主的转变。

具体教学模式设计如下:

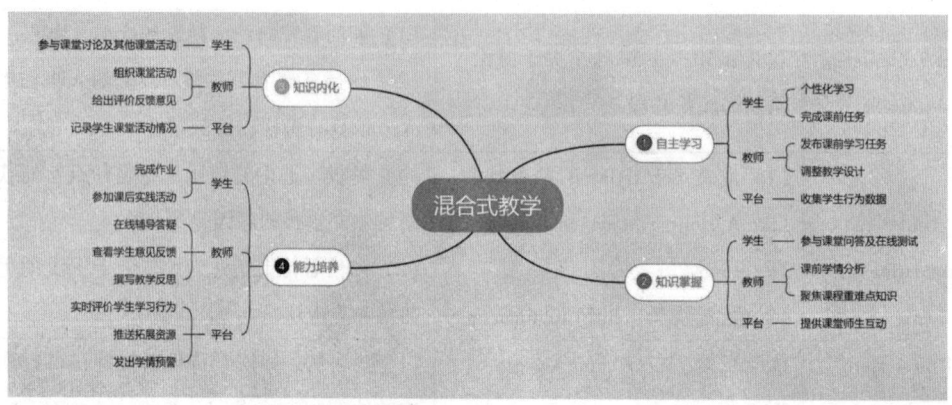

②以学生为中心的混合式教学设计主要包含课前、课中、课后的无缝衔接,因此,线上学习和线下教学环节应是一体化的有机融合。线下的课堂教学不是照搬传统课堂教学活动,而是基于线上学习行为、结果的数据分析,开展更加深入的课堂教学活动。

A. 驱动环节

在课前环节,教师将视频和讨论题目通过雨课堂发布学习任务,学生自主完成学习任务,遇到难点问题可在线求助和讨论。学生围绕这些题目,去查阅资料或完成知识点学习,通过在线讨论或小测的方式,完成任务驱动环节,为后续促成评价环节奠定基础。平台记录学生学习结果数据,并据此推送课程学习资源,教师也能针对性地进行课堂教学设计。

B. 促成环节

在课中环节,教师利用平台教学工具,聚焦重难点进行讲解,发布探究任务,开展课堂互动交流活动,学生参与课堂研讨;教师采用多种方式推行促成环节,帮助学生完成产出任务,以达成教学目标。首先,老师要对课前任务进行检测,通过总结梳理分析,有针对性的设计形式多样的口语练习和活动,主要包括分组讨论、辩论、小组对话、个人展示等方式引发学生拓展思路,丰富语言表达方式,同时进行辩证思考。

在完成促成环节之后,学生基本具备产出任务所需的语言能力、思辨能力和创新能力,可以完成Utalk视听实训平台事先布置口语任务。通过口语任务的完成,来锻炼学生在模拟真实情境中的英语表达能力。在课后环节,学生完成教师发布的课后任务,并预习下一阶段课程内容,平台推送延伸资源,教师根据学情反馈撰写教学反思。

除此之外,为培养学生对英语的实践应用能力,公共外语教育学院对新生组织晨读、朗读比赛、英文歌曲比赛、外研社"国才杯"演讲比赛等第二课堂活动。公共外语教育学院微信公众号定时推出有关英语学习的文章,有效促进了语言学习、技能提升与校园文化建设的有机融合。

C. 评价环节

为了课程评价更系统化和科学化，转变以往传统单一静态的评价模式，采用基于数据的多维动态评价体系。传统的评价模式过分重视静态和浅层次的学习成果，评价内容片面，评价方式单一，不利于学生的全面发展。为保证评价的系统性和科学性，本课程注重过程多维度评价，即以学习成效为中心，基于数据进行过程动态评价。过程多维的评价主要由前置性评价、形成性评价、总结性评价三部分组成。前置性评价在教学活动之前进行，主要评价学生预习情况和学习态度。

参考文献

[1] 邱琳."产出导向法"促成环节设计标准例析[J].外语教育研究前沿，2020（2）：12.

[2] 汤润梅.基于"产出导向法"的大学英语课堂设计实例反思[J].科技教育，2021，NO. 03.

[3] 纪萌.CL和TBLT影响下独立学院英语课堂分组活动设计和教学实例研究[J].外语教育研究，2017，Vol. 5No. 4.

[4] 万家山.数据驱动下的线上线下混合式一流课程建设探究[J].华北理工大学学报（社会科学版），2020，Vol. 20No. 5.

附录3 公共外语教育学院网络教学方案

一、教学任务

本学期本教研中心承担的大学英语AⅡ将采用《新视野大学英语读写》和《新视野大学英语视听说》两本教材，周平均课时3节，计划完成7个单元的教学任务，考虑到节假日，第八单元将作为机动。我们按照正常教学日历制定教学进度表，将教学任务具体安排到每一周，各位老师线上线下相结合，根据教学进度完成教学任务。

为优化晨读任务，使学生学习真正有实效，教学中心通过问卷调查，征求各位授课老师意见，最终研究确定了新学期文科专业学生的晨读任务。本晨读任务表分学生版和教师版两种，前者详细规定学生每周晨读任务，考核方法；后者增加了教师的分工安排，学生的晨读读什么，如何检测效果等工作都具体落实到人，力争学生的晨读效果能有新的起色。

二、网络模式选择

网络教学期间，四教将采取以下三种学习平台：

平台名称	网址	主要用途
外研社Unipus在线学习平台	http：wlkc.jluzh.com	（1）进行教学管理，发布课程通知。 （2）组织在线课程活动。（发布收集课程作业、在线答疑讨论、在线小测、课程问卷等） （3）学生在线听力训练，完成教材的听说任务。 （4）发布课程补充资源。（听、说、读、写拓展材料及晨读资源等）
中国高校外语慕课网	http：//moocs.unipus.cn/my/course/536	（1）学生预习及教学内容导入。 （2）课后复习巩固及重点难点讨论。
批改网	https：//www.pigai.org	（1）布置写作任务。 （2）参加写作大赛。

三、线上教学备课

为使课程教学重点统一又各具特色，本中心成立了 8 个备课小组，分别负责两本教材 8 个单元的备课资料准备及学校网络平台的资源上传。每个小组统一按照 2+3 的模式备课，2 是指 2 个文件夹，一个是 "for students" 部分，里面准备了教材每个单元的 PDF 版，以解决学生在家没有教材的困难，还准备了课文、单词听力文件，方便学生利用碎片化时间听教材。另一个是 "for teacher" 部分，里面准备了电子教案，老师熟悉了电子教案，不管是在网络平台还是在课堂，都可以实现不带书上课。3 是指 "pre-reading, while-reading, after-reading" 3 个教学过程，每个环节都准备了相关的重点、难点、作业，层次清楚，任务明了，且适合以大纲形式呈现在学校教学平台，方便学生事先了解学习目标，时刻进行复习反思。目前 8 个备课小组均已完成备课任务，接下来将按照教学进度，提前一周上传相关资料，进行课程建设。每组负责一个单元的课程维护，然后进行课程分享，这将能极大地提高工作效率，让授课老师把更多的精力放在如何督促学生学习，促进学习效果进一步提升上。

四、师生沟通方式

我们采取三种主要师生沟通方式，确保老师能及时准确对接到本学期将要带的新班级。第一种，"牵线搭桥"，即由上学期授课教师通知本班学生如何进到网络课堂，如何对接新的老师。由于我们所有的老师都还保留着上学期的微信群或 QQ 群，所以能够实现顺利交接。第二种，用 U 校园。U 校园也有学生管理、课程通知的功能，网络课开始前我们可以通过 U 校园找到自己的学生，目前学生名单已经导入到不同老师名下。第三种，学校网络教学平台。该平台将成为我们发送各种通知、作业的主要平台，只要学生打开该平台，就能和自己的授课教师进行在线交流。此外还有微信、QQ 等联系方式作为补充。另外，教研室非常重视有特殊状况的学生，比如说抑郁症倾向的学生。任课老师及时反映情况，由主任、副主任特别交代给新的任课老师，大家都认真做好交接工作，以力争尽量减少师生之间的磨合过程。总之，四教的全体老师能做到全中心一盘棋，分享交流学生信息，先老师之间沟通，再师生之间沟通，以更好地促进师生关系和教学工作。

五、检查监控

对学生学习情况的检查监控，我们主要利用外研社 U 校园平台以及在学校平台上发布的作业、小测、问卷调查等，学生学了没有，学了多长时间，一目了然。对于以前学生颇有诟病的晨读，我们做了仔细的研究和思考。制定了任务表，要求学生做好学习记录，认真参加有关晨读的在线测试、抽查，并把这些记录作为平时成绩的重要直观依据。

  对教研室各位教师的教学检查，我们主要是通过责任制、分组制，任何工作都具体到人，具体到时间，任何工作都是先制订计划，确定完成时间，任务完成后都在 QQ 群里展示或接龙，所以每个人都很有效率，每个人做的工作都看得到。有不少老师主动承担额外工作，有不少老师奉献出好点子、好方法。大到教学任务、晨读任务的设计安排，小到一篇课文的 PDF 文件怎么出来，解决没有课本的难题，林林总总，都是集体智慧的结晶。大家都能够相互督促，共同进步。